ブランド戦略シナリオ

コンテクスト・ブランディング

CONTEXT BRANDING

一橋大学大学院 教授
阿久津 聡＋
電通 シニア・プランナー
石田 茂◉著

はじめに

「ブランドは難しい」という声をよく聞く。

ブランドは企業経営の重要な指標にもなっており、経営層もブランドに関心と期待を寄せるようになった。しかし、思いどおりにブランドをマネジメントし、企業経営やマーケティングを成功に導いている企業は数少ない。

筆者たちは、ビジネス・スクールで教える者と広告代理店のプランナーという立場の違いこそあれ、それぞれ長い間ブランドにかかわってきた。仕事柄、二人とも企業のブランド担当者と話をする機会が多いが、彼らの多くはブランド・マネジメントのやり方に不安や不満を持っている。それは、ブランドは「曖昧で扱いにくい」「結果が見えにくい」「時間がかかる」「目標を明確にできない」ものと思われていることが理由のようだ。読者のなかにもブランドという形のないものを理解すること、そして扱うことの難しさを実感されている方は多いと思う。

積極的にブランディングに取り組んでいる企業においても、組織の内部で、ブランドが何を意味するのか、ブランディングとして何をどう扱えばよいのか、解釈が一致しないことが多いのではないか。研究開発部門、生産部門、販売部門がそれぞれの見方でブランドを解釈し、バラバラに「マネジメント」している状況に直面することがある。

この難しい作業を明快なものにし、現場で作業に携わる者が解釈を共有できるようにするための方法論はないのか。この問いは、筆者の一人である石田が、ブランディングの実務に携わりながら繰り返し自問してきたことだ。ブランドの重要性が増すにつれ、事業の成否がブランド担当者の双肩にかかるようになってきた。広告代理店で先端プランニングを担当する者として、企業のブランド担当者が抱える切実な課題に少しでも応えられる実践的なメソッドを提供したいと、石田は日々格闘を続けていた。

もう一人の筆者である阿久津は、ブランドの理論的な解明を研究課題の一つとしてきた。多くの実務家と接するなかで実感したのは、消費者心理研究などで蓄積された知見をわかりやすく、実践に活かせるように実務家に伝えることの難しさである。さらに、中長期的なブランドの育成と短期的な売上げ達成の間に生じるジレンマ、ブランド投資の集中と分散の間に生じるジレンマなど、現場だけでは対応しきれないジレンマを克服する理論的な方法論を模索していた。

こうした二人の思いが一致し、共同で取り組んだのが「コンテクスト」を切り口としたブランディングの実践モデルである。さまざまな企業のブランド担当者と取り組んできた実践経験から積み上げた方法論と、精緻な実証研究によって支持された理論によって導かれた方法論とが、本書で紹介するモデルのベースになっている。

ブランディングの課題のほとんどは、ブランドの特殊性に起因している。詳しくは第2章で触れるが、「無形性」「間接性」「多層性」「関係性」というブランドの四つの特殊性を構造的にとらえることで、ブランディングの本質もわかってくる。我々は、これまで感覚的に行われがちであったブランディングを構造化することが課題解決の糸口になるのではないかと考えた。どんなに曖昧でとらえどころがないと思われるものでも、構成要素に分解できれば、おのずとその構造が見えてくるはずである。「分ける」は「分かる」ための第一歩だ。いったん構成要素に分け、よく理解したうえで再統合すれば、わかるようになる。

余談だが、広告業界でトップクリエイターと呼ばれる人たちの多くは、クリエイションの際、人知れずこの構造化作業を行っている。一から百まで、すべてがひらめきというわけではないのだ。心のなかでクリエイティブの構造化を行い、自らの経験則でもある「当たる理論」に当てはめている。だから高い確率でヒットCMを飛ばすことができるのである。彼らは、直感だけで当て続けることはできない、と口を揃えて言う。優れたクリエイターが実践していることも、実はクリエイティブの構造化にほかならないのだ。

コンテクスト・ブランディングの大きな特徴は、目に見えないブランドの価値をコンテクストによって表現し、構造化することである。その結果、ブランドは可視化され、取り扱えるようになる。

コンテクスト・ブランディングでは、ブランド価値の源泉として、従来のブランド理論では見落とされがちだった「心の深層にある暗黙的な知識」を重視した。それがコミュニケーションのなかで人の意識にのぼって表現されたり、逆に表現されたメッセージが意識のなかに取り込まれて次第に心の深層に安定したりする。こうした、認識と知識の創造プロセスを明示的にモデル化することを心がけた。

研究者と実践者がお互いの立場から本音をぶつけ、議論を積み重ねることによってできあがったのが本書である。石田が実践を通じて身につけたブランディングのメソッドを、阿久津が理論的に意味づけ、修正しながら精緻化していった。つまり、プランナーの経験と学者の理論が刺激し合いながら、両者の知識が融合し、昇華したのが本書である。

我々は、良い理論ほど実践に耐えうるものはないとの信念に従い、筋の通った、しかも柔軟性を持ったブランディングの実践的モデルの構築に努めた。本書に際立った特長があるとすれば、その点であると思う。

本書は七章で構成されている。第1章ではブランドに対する企業の認識を整理しながら、ブランディングの新しいパラダイムを示す。第2章では本書の主題である「コンテクスト・ブランディング」の意味とその考え方、そしてブランディングの構造全体について説明し、構造モデルと実践的なプロセスモデルを提示する。理論的な説明も多いが、本書の核となるものなので、少々時間をかけても理解していただきたい。第3章では、コンテクスト・ブランディングの一通りの流れと、その全体像がわかる事例を紹介する。第4章から第6章までは、コンテクスト・ブランディングの三つの領域であるブランド・アイデンティティ、ブランド・イメージ、ブランド・コミュニケーションについて、それぞれ詳しく解説する。最後の第7章では、コンテクストの重要な構成要素であるブランド・パーソナリティについて説明する。トヨタ自動車、サントリー、ミツカン、ニチレイなど、ブランディングの先端企業における実践事例を、全編を通じて具体的に紹介するように努めた。

本書が、ブランドの課題に日々取り組まれている読者の方々に、何かしらの解決の糸口を提供できることを願ってやまない。

二〇〇二年六月

阿久津聡
石田　茂

『ブランド戦略シナリオ』目次

目次

第3章

Case Study

第4章 企業が伝えたいブランド・アイデンティティ

Brand Identity

第5章

顧客のもつブランド・イメージ

Brand Image

第6章

ブランド・コミュニケーションの展開

Brand Communication

第7章

ブランド・パーソナリティの構造化 231

Brand Personality

第1章

ブランド経営の新しい視点

Brand Advantage

■ブランドに注目する意外な企業

最近、「意外な」企業がブランド経営を標榜するようになった。部品メーカーやシステム・プロバイダー、コンサルティング・ファームといった、企業を直接の顧客とするいわゆるB to B企業や、高い技術力を売り物としている技術系企業などである。こうした企業の多くは、洗練されたブランド戦略をかねてから持っていたわけではない。ところがここ数年、そのブランドに対する取り組み姿勢に少なからぬ変化の兆しが見えてきた。

これまで、ブランドを構築しようと努力し、ブランド戦略を企業経営の中心に据えてきたのは、衣料や食品、市販医薬品などを扱う消費財メーカーであった。とりわけファッション・アパレルや化粧品、飲料などのメーカーは、技術に基づく性能や機能よりも顧客の情緒や感性に訴えるものが価値の源泉として大きかったことから、見えないブランドの価値に敏感で、高い意識を持ってブランド経営に取り組んできた。情緒や感性に訴える価値は、企業の知名度や商品の品質だけからは生まれない。それは、商品属性をベースとしながらも、言葉では伝えきれない斬新で豊かなイメージを伴うことによって、初めて生み出されるものである。したがって消費財メーカーが、ブランドにそのようなイメージを持たせるべくブランド経営に投資してきたのは、きわめて合理的な行為であるといえる。

ところがBtoB企業の場合、顧客となる企業の担当者はプロである。商品知識も豊富に持ち、ブランドのイメージに流されないように「合理的な判断」を下すことを心がけていると考えられてきた。また、技術系企業の場合、商品属性の優劣が技術によって決まるため言葉や数値で客観的に示すことができ、イメージなどは関係ないと見なされてきた。特に技術がすぐに陳腐化してしまうハイテク産業では、最新の技術こそが圧倒的な商品価値の源泉になる。こうした背景から、これまでBtoB企業や技術系企業の間で、ブランド経営が真剣に検討されることはほとんどなかったわけである。

それがなぜ、ブランド経営に注目し始めたのか。それにはいくつかの理由があろうが、最も根本的な理由は、これまで差別化の源泉であったものが機能しなくなり、価格が競争の手段になりつつあることだ。つまり、激しい価格競争を回避すべく、ブランドに対する従来の認識を根本から見直し始めたのである。その背景には何があるのだろうか。

▪ 価格競争よりブランド構築

日本経済が閉鎖的な市場を持ち、かつ全体が安定的に成長していた時代においては、BtoB企業の多くは安定した取引関係を基盤に収益を確保できた。差別化の源泉は、長期安定的な取引関係そのものにあったともいえる。つまり、限られた得意先との安定した取引関係を維持することが経営の大きなテーマであり、それに資源を集中してきたのである。

しかし、バブル崩壊以降、長期にわたって景気が低迷する一方で競争のグローバル化が進み、コスト競争力が経営課題にのぼってくると、安定した取引関係が崩れ始めた。赤字が続くなかで価格競争力のない取引先を抱え続ける体力は、もはや大企業にもない。そうなると、固定客を相手に技術力で売ってきたBtoB企業といえども、技術を磨くだけでは安定した経営基盤を維持できない。リスクを分散し、少しでも多くの仕事を得るために、複数の相手と取引せざるをえなくなる。当然そこでは、価格交渉の問題が生じる。

そこに追い打ちをかけているのが、ＩＴの急速な進歩と普及による技術力の平準化傾向である。属人的な専門技術のノウハウがＩＴによって機械に組み込まれ、技術力の優位性が弱まりつつある。それが価格競争を激化させるのである。

こうした状況のなかで、BtoB企業や技術系企業も、最終的には自らの首を絞めかねない価格競争を回避するために、ブランドの構築を真剣に検討し始めた。これらの企業ではいま、企業ブランドの価値測定を行って現状把握に努めたり、ブランドのルーツを求めて社史をひもといたりしている。しかし、すぐにブランドを構築できるような画期的な方法は、見つかるものではない。これまでブランド経営を標榜してきた企業でさえも、十分な理論的根拠と哲学を持っているところは少なく、その多くは手探りで行っているのが実情である。

インテルのブランディング

そうした企業にとって、B to Bでしかもハイテク企業であるインテルのブランディングは、非常に参考になるはずだ。「インテル入ってる」(intel inside)の広告コピーはあまりにも有名であるし、ブランディングのケース・スタディで頻繁に取り上げられるので、ご存じの方も多いだろう。同社のブランディングに対する大方の見方は、パソコンメーカー各社とのタイアップの仕組みをつくり、エンドユーザーである消費者の間でもブランドの知名度を高めることによってプレミアム・ブランドになったという点で大いに評価できる、というものだ。たしかに我々もインテルのブランディングを高く評価するが、評価の視点は異なる。ブランドの知名度を高めたプロモーションの方法ではなく、インテルが価値あるコンテクスト(文脈)をつくりあげた点を高く評価するのである。その点を簡単に説明しよう。

まず、インテルがブランディングに着手する前の、パソコンユーザー、パソコンメーカー、インテルの認識を考えてみよう。一般のパソコンユーザーは、インテルのマイクロプロセッサがパソコンのCPUに搭載されているかどうかということは、よほどのパソコン好きでない限り、気にもとめていなかった。そもそも、インテルという会社のことすら知らなかっただろう。しかし、「賢いパソコンの選択をしたい」「できるだけ性能の良いパソコンを使いたい」といったニーズは持っていた。こうしたニーズは、一般ユーザーがパソコンを購入したり、評価したりする際のコンテクストとなるものである。

一方、パソコンメーカーは、インテルが卓越したCPUメーカーであることを十分理解していたが、「CPUの詳細をユーザーに説明しても理解されない」、したがって「自社のパソコンにインテル製品を搭載していることによるベネフィットと機能の優位性をこと細かく説明しても、効果は期待できない」と考えていた。

そして、マイクロプロセッサの製造技術で圧倒的な優位性を持っていたインテルは、「当社の技術力はパソコンメーカーにはよく認識されている」と自負していたが、「エンドユーザーには認識されていない」という問題意識を持っていた。それは、技術革新のスピードが速いマイクロプロセッサの分野では、高い研究開発費を負担し続けなければ技術の優位性を維持できないという危機感から来るものだった。競争の厳しいパソコン業界では、メーカーは少しでも安く部品を仕入れたいと考えていた。もしメーカーが、エンドユーザーはパソコンの価格は気にするが、どこのプロセッサを使おうと気にしないと判断すれば、あっという間に値下げへの圧力が高まり、研究開発費の確保が難しくなって技術優位性を失い、結局は激しい価格競争に巻き込まれるおそれがあったのである。

こうした背景から、インテルはパソコンメーカーの広告費用を一部肩代わりするのと引き換えに、「インテル入ってる」のキャンペーンに参加させ、「当社のパソコンにはインテルが入っています」ということを宣伝させたのである。即効性のある経費削減に魅力を感じたパソコンメーカーは、このキャンペーンに積極的に参加することになった。

その結果、いまではパソコンの構造をほとんど知らない一般ユーザーですら、パソコンを購入するときに、「インテルが入っているか」を選択の基準とするまでになった。これは、CPUが何なのかを正確には理解していないユーザーでも、その機能がパソコン全体の機能を大きく左右すること、そしてインテルが優れたCPUのメーカーであることは知っているということだ。

つまり、「インテル入ってる」のキャンペーンでパソコンメーカーがこぞって「自社製品のCPUはインテル製」と宣伝することによって、「インテルはCPUメーカー」「大手のパソコンメーカーはインテルのCPUを搭載している」というファクトがエンドユーザーに知れ渡り、そこから「CPUはパソコンの主要コンポーネントなんだろう」「CPUの機能がパソコン全体の機能を大きく左右するのだろう」といった推論がなされ、これらが「パソコン→CPU→インテル」というコンテクストとして機能したのである。

インテルがつくりあげたこのコンテクストによって、ユーザーはさらに「大手パソコンメーカーがこれだけこぞって宣伝しているのだから、インテルのCPUはよほど優れているのだろう」「インテルが入っているからこのパソコンは性能が良いのだろう」「インテルが入っているから買っても安心だろう」といった推論を働かせ、「パソコン→CPU→インテル→高品質・高性能」とコンテクストを拡張していった。そしてそれが、パソコンユーザーがもともと持っていた「できるだけ性能の良いパソコンを使いたい」「賢いパソコンの選択をしたい」というコンテクストと結びつき、インテルは「知る人ぞ知る」部品メーカーから、だれもがプレミアム価格を受け入れる「ブランド」に変貌したわけである。

■求められるコンテクストのマネジメント

インテルのケースが示唆しているのは、ブランドにかかわるコンテクストを注意深く扱うことによって、顧客のブランドに対するイメージや連想を企業が意図する方向に導くことができ、ひいてはブランド価値を生み出すことができるということである。

ブランドは、顧客がそこからイメージや連想を広げていくことで、商品が見せることのできる属性以上のものを伝えることができる。そしてブランドは顧客の推論を引き出し、行動に影響を与えるのである。

推論は、自由な連想よりも論理的な推理や推察の広がりである。顧客は、ブランドから広がるイメージや連想をベースに、外部からは入手できない知識や情報を必要に応じて推論するのである。たとえば、映画に付けられたディズニー・ブランドには、「心温まる内容だろう」とか「勇気が出る内容だろう」「面白いに違いない」といった推論を働かせる力がある。インテルやディズニーに限らず、企業にとって好ましい方向に強く推論を導いていく力があるブランドに価値が生まれるのである。

技術系企業がそうしたブランドを持つことは、きわめて重要である。高度な技術になればなるほど、顧客はその価値について知る術を持ちにくくなる。したがって、新しい技術に基づいた製品やサービスを売り込むとき、そのベネフィットを理解してもらったり、信用してもらったりするには、ブランドを拠り所とした推論が不可欠になるからだ。

従来からブランドを重視してきた消費財メーカーにとっても、事情は同じである。今日のように情報メディアが多様化し、巷に情報があふれる時代においては、顧客に好ましい推論を引き出させるように企業が働きかけることは困難になっているからだ。企業が必死になって顧客にブランドを伝えようとしても、その顧客が日々受け取る情報は実に多様で、かつ膨大になっている。それらの情報が顧客の頭のなかで錯綜し、そのなかの一つとして企業のメッセージも受け止められる。そのため他の情報と結びついて受け取られたり、解釈されるなど、ブランドが企業にとって好ましくない形で伝わってしまうことも十分にありうる。

無数の情報のなかにあってもブランドが顧客に好ましい推論を持たせることができれば、競合との差別化が可能になり、ひいては競争優位を築くことができる。しかし、ブランドに対する顧客の推論を企業にとって好ましい方向に導くには、企業側からの働きかけだけに力を入れても一方的なものになってしまうし、おのずと限界がある。ブランドを取り囲む企業、顧客などを含む関係者すべてのコンテクストをマネジメントしていかなければ、ブランドのもたらす価値は高められないのである。

■ コンテクストによる新しいブランディングの視点

これまでのブランド論は、企業内のコンテクストに焦点を当てたものと、顧客のコンテクストに視点を当てたものに大別できる。前者はブランド・アイデンティティに焦点を当てた研究であり、後者はブランド・イメージに焦点を当てた研究である。しかし、本書を通して明らかにされるように、コンテクストという視点から導かれる洞察は、ブランド・アイデンティティの提案やブランド・イメージの理解だけに終わることなく、この両者をいかに結びつけるかがブランディングの最も重要な課題だということである。

本書で紹介するコンテクスト・ブランディングは、こうした課題を解決すべく組織が取り組まなければならないブランド経営の新しい視点であり、方法論である。もちろん、これまでのブランド論がこのことにまったく触れてこなかったというわけではない。しかし、ブランド・アイデンティティとブランド・イメージ、そして両者をつなぐコミュニケーションを一貫した切り口でとらえる理論と実践方法が、これまでのブランド論にはなかったのではないかというのが我々の問題意識である。

自分たちの理想だけを追いかけていてもいけないし、実際に相手がどう見ているのかということばかりを気にしていてもいけない。大切なのは、理想と現実を見比べながら、それらをどうつなげていくかということである。そして、どうつなげていくかということを真剣に考え始めると、自分の理想を表現する方法も変わってくるし、相手の認識を把握する方法も改められてくるはずである。

我々は、ブランドのアイデンティティとイメージをコミュニケーションによって連関させようと、さまざまな試みを重ねてきた。そのプロセスのなかでコンテクストという切り口を見出し、コミュニケーションはもとより、ブランド・アイデンティティやブランド・イメージの考え方までをもとらえ直すに至った。社会がダイナミックに変化し、顧客の認識も企業が伝えるメッセージの意味合いも刻々と変わっていく時代に対応した、新しいブランド経営のあり方として、次章以下でコンテクスト・ブランディングを紹介していこう。

第2章

コンテクスト・ブランディングとは何か

Context Branding

本章では、コンテクスト・ブランディングの基本的な考え方を明確にするとともに、主要な概念について説明していく。そして、それらをベースに概念間の関係図式から成る理論的な枠組みと、実践における作業ステップの流れを示すプロセスモデルを提示する。それは、第3章以下をよりよく理解するための拠り所となるものである。

ブランド論に詳しくない読者にとっては、概念の説明に一部難しいところがあるかもしれない。しかし、一読してわからなくても、何度か読み返してみるか、先に第3章以下を読み進んでから戻ると、きっと理解できるはずである。コンテクスト・ブランディングの実践を真剣に考えるのであれば、基本的な考え方と主要概念はぜひ理解していただきたい。

1　ブランドの課題とコンテクスト・ブランディング

コンテクスト・ブランディングとは何か。文字どおりに読めば、「コンテクスト」つまり「文脈」に着目したブランディングということである。ここで言うブランディングとは、ブランドの構築だけでなく、その活用や維持、活性化なども含んだ一連の取り組みを指している。したがってコンテクスト・ブランディングとは、「コンテクストに着目した、ブランドの構築や活用、維持、活性化などを含んだ一連の取り組み」と言うことができる。

文脈という言葉は、日常的にさまざまな意味合いで使われる。『広辞苑』（第五版）によれば、そもそもの語義は「文中での語の意味の続きぐあい。文章の中での文と文の続きぐあい」であるが、「文脈をたどる」「政治的文脈で読み取る」というように、筋道・背景などの意味を持つようになった。我々が「文脈」に着目した理由は、それがブランドの持つ価値の源泉だからである。それはどういうことか。まず、ブランドと商品の違いから考えてみよう。

■ブランドと商品の本質的な違い

ブランドと商品の本質的な違いを理解している人は意外に少ない。違いがわからない人たちは、商品に気の利いた名前を付けて宣伝すればブランドになると思っている。そして、たいして良くもない(と当人は思っている)のに人気がある競合商品を見ると、あれはブランドのせいだと悔しがる。そういう人は、「商品はウチのほうがいいんだ」と負け惜しみを言うだけで、ブランドがどのように競合商品に価値をもたらしているのかについて、きちんと理解しようとしない。というのも、彼らはブランドの価値がつかみどころのない、漠然とした「イメージ」によってもたらされていると信じているからである。

ブランドとはある商品を他のものと識別するための「印」だが、それだけではブランドと商品の違いは見えてこない。しかし、文脈に着目すると、ブランドと商品の本質的な違いが見えてくる。いったん商品がブランドとして別のものと識別され(スタート時点ではブランド=商品)、そのブランドに関する知識や情報が、そのブランドが持つ文脈として、見たり聞いたり使ったりしている人たちの心のなかに蓄積されていくと、ブランドは商品価値を増減させる固有の価値を持つようになる。

つまり、ブランドは文脈を蓄える器であり、その価値を高めるためには、豊かで効果的な文脈を持たせてやらなければならないのである。ブランド価値にとって、文脈はそれほど重要なものである。

コンテクスト・ブランディングとは、ブランドに豊かで効果的な文脈を持たせることによってその価値を高める一方、それを有効に活用していく方法論である。本書では、これ以降、ブランド価値にかかわる文脈を一般の文脈と区別するために「コンテクスト」と呼ぶことにする。

■ブランドの特殊性

先ほど、多くの人がブランドの価値をつかみどころのない、漠然とした「イメージ」によってもたらされていると信じていると述べた。もし読者がその一人であり、どのようにブランドを管理すればよいのかわからずに悩んでいるなら、ブランドそのものの性質をよく理解することから始めるとよい。というのも、ブランドは資産として特殊な性質を持っており、土地や工場といった資産と同じように管理することはできないからである。コンテクスト・ブランディングの発想の原点には、ブランドの特殊性に対する理解と、そこから生じる課題の認識がある。ブランドの特殊性から生じる課題に積極的に対応していくう

図2-1◉ブランドの特殊性

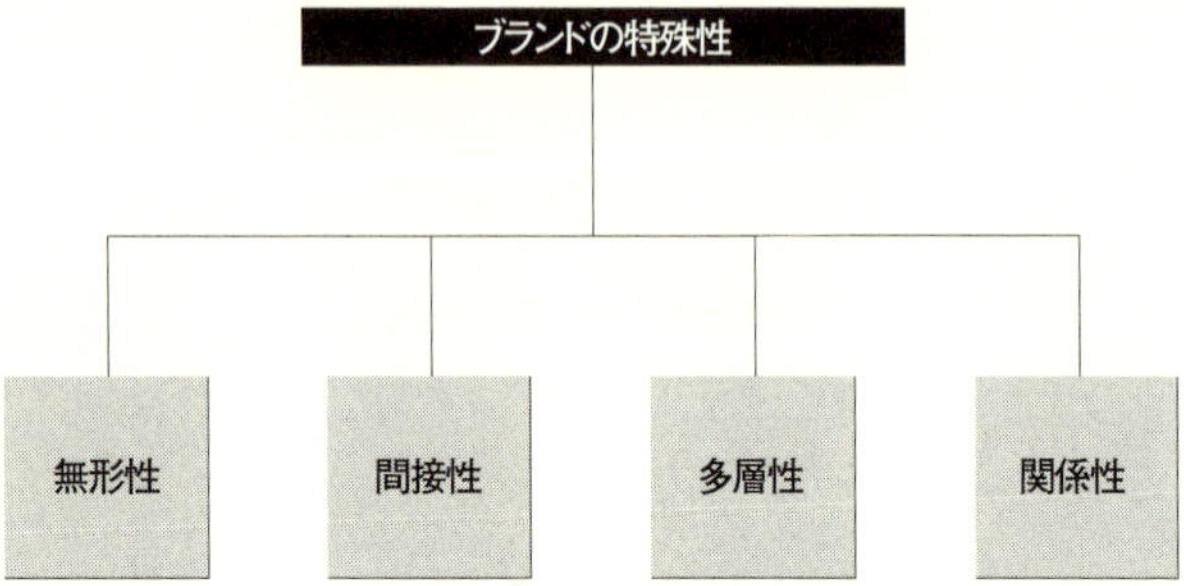

えで、コンテクストが重要なカギになるのである。

それでは、ブランドの特殊性について詳しく見ていくことにしよう。

ブランドの特殊性は具体的に、無形性、間接性、多層性、関係性の四つに分けて考えることができる（図2－1を参照）。一つの事例を使って、それぞれの性質について考えてみよう。

何年か前に、脱サラして都内に小さなお店を借り、自分がデザインしたTシャツを売り始めた人がいた。仮にIさんとしておこう。彼はもともとデザイナーだったわけではないが、自分のデザインは新しもの好きの女子高生たちに受け入れられるはずだと考えて店を出した。開店当初はなかなか客も来ずに苦労したが、いまでは一〇代後半の若者を中心に熱狂的なファンを持つブランドに成長し、いくつもの店に商品を卸すまでになっている。

最初は無名だったわけであるから、その商品にはブランドによる付加価値はなく、ある絵柄の付いたTシャツとしての価値しかなかったはずだ。基本的に、絵柄やスタイル、生地、縫製といった商品が持つ特徴的性質（マーケティングの分野では、これを商品属性〈product attribute〉と呼ぶ）をベースにして、その商品の価値は判断されただろう。

しばらく店を続けるうちに商品の数も増え、客も集まるようになっていった。初めにIさんの店に目をつけ、熱心に通うようになったのは、ファッションに敏感な女子高生たちである。彼女たちはIさんのTシャツの、シャツとしての機能（実際、着心地はそれほど良いものではなかった）より、かわいらしさやカッコよさといったスタイルが気に入ったようで、自分たちの個性を表現するアイテムとして愛用し始めたのである。

やがて彼のブランドは「かわいいTシャツのブランド」として、クチコミによりあっという間に周辺の女子高生たちに広まった。若者雑誌にも取り上げられるようになり、遠方からも客が訪れるようになった。Iさんのほうも、初めのうちは自分の感性だけで商品をデザインしていたのだが、熱心に店に通ってくれる常連客が増えるにつれ、彼女たちとのおしゃべりからデザインや商品開発の着想を得るようになった。

まもなく彼は、一〇代後半向けに対象を絞っていたTシャツのラインを二〇代前半まで拡張するとともに、商品カテゴリーもアクセサリーやジーンズ、靴などに広げて、基本的には同じブランドを使ってさまざまな商品を卸すようになった。

これは単純化された話ではあるが、きわめて典型的なブランド構築とその活用プロセスを描写している。そしてこの話のなかにも、これから説明するブランドの無形性、間接性、多層性、関係性といった性質が見て取れる。

ブランドの無形性

この事例を何気なく読んだ読者は、やはり商品とブランドの違いがわからないと思われるかもしれない。この事例で、ブランドは何かと問われればTシャツと答え、商品は何かと問われれば、やはりTシャツと答えざるをえないというわけである。こうした混乱は「ブランドの無形性」から生じる。

ブランドは何かと問われて有形のものを探すと、それが指し示す商品しかない。しかし、資産としてブランドを考えたとき、我々はその価値に注目すべきである。ブランドの価値には、商品の価値に加えて、人々の心のなかに蓄積されるブランドに関連した知識（以後これを「ブランド知識」と呼ぶ）の価値がある。ブランド知識は、そのままでは形がなく目に見えないもの（＝無形のもの）であるために、「つかみどころがない漠然としたもの」として敬遠されがちだが、商品にブランドとしての価値を与える重要な役割を果たすものである。ここでは、この性質を「ブランドの無形性」と呼ぶ。

ブランドの間接性

そもそもIさんのブランドに価値が生じたのは、女子高生たちがそれを認知し、評価したからである。彼がいくら自分のデザインするTシャツには特別な価値があると信じたところで、そのこと自体にブランドの価値があるわけではない。このようにブランドは、その価値を認める顧客が存在して初めて、ブランドの法的な所有者にとっての価値が生じるという、価値に関する間接的な性質を持っている。つまり、ブランドの価値を直接増減するのは顧客であり、逆に言うと、ブランドの法的所有者である企業は、顧客に働きかけるという間接的な方法でしかブランド価値の増減には関与できないのである。

その意味では、ブランドの所在は顧客の心のなかにあるといえる。この点を強調して、「ブランドは顧客のものである」と説く専門家も少なくない。ブランドの所在が管理責任者である企業とは分離されているために、企業が知らないうちにブランドの価値が増減することが起こりうるのである。

たしかにIさんは、自分がデザインするTシャツのターゲットとなるのは女子高生であることを意識してはいたが、彼女たちの間で評価が高まり、クチコミでそれが広がってブランド価値がどんどん高まっていった過程を、直接的には知りえなかったわけである。ここでは、この性質を「ブランドの間接性」と呼ぶ。

ブランドの多層性

最初にIさんの店の常連客となった女子高生たちは、彼のブランドを認知し、素材や縫製といった具体的な属性について理性的な判断を下し、感性をもとに「かわいい」と評価し、自分たちの個性を表現するアイテムにまで高めた。衣服としてのベーシックな機能である保温や吸汗、肌の保護といった商品属性と、かわいらしさ、自分たちに似合うかどうかといったことは、それぞれ質的に異なる評価であろう。

この例からもわかるように、ブランドは商品の機能的なベネフィットをもたらすだけでなく、心地よい情緒を生み出したり、自己表現を演出したりすることができるのである。このような、質的に異なるベネフィットを多層的に持ちうるブランドの性質を、ここでは「ブランドの多層性」と呼ぶ。一般に評価の高いブランドには、質的に異なるベネフィットが多層構造になっているものが多い。

ブランドの関係性

Iさんは Tシャツとしてのブランドの価値が高まったことを受けて、まずラインを拡張し、続けて商品カテゴリーを広げた。ラインの拡張では、異なるターゲットに対し、スタイルが少なからず異なる商品を、サブ・ブランドを付けて提供した。サブ・ブランドとは、もともとのブランド（マスター・ブランドと呼ぶ）と連想を一部で共有しながら、それとは異なる名称（もしくは印）および連想を持つブランドのことである。

商品カテゴリーの拡張においては、マスター・ブランドをそのまま使うか、新しいカテゴリー名をブランド名の後に付ける説明サブ・ブランド（たとえば、ソニー損害保険）を使っていた。ここでブランドは、商品と商品の関係性を示す役割を果たしているわけである。この性質を「ブランドの関係性」と呼ぶ。ブランドの価値はそうした関係性を通じて理解することが可能であり、また関係性を利用して広げていくことができる。関係性を活かしたブランド拡張の成功は、ブランドにそれが指し示す商品以上の価値があることをよく表している。

■ 特殊性から生じる課題

それでは、これまで述べてきたブランドの特殊性の説明をもとに、そこから生じる課題について考えてみたい。

まず、ブランドの無形性から生じる問題は、形がないブランドの価値よりも、はっきりと指し示すことができる商品の価値にばかり注意や関心が向いてしまうことである。そして、無形性以外の三つの性質が、この問題をさらに深刻なものにしている。

形がなくても直接感じることができるものであれば、感覚に基づく理解や直観的な判断は比較的容易なはずである。しかし、ブランドの間接性ゆえに、ブランディングに携わる者は自分の感覚ではなく、顧客の感覚をもとにブランド価値を判断しなければならない。

また、ブランドの多層性を考えると、機能面のベネフィットならともかく、情緒面や自己表現にかかわるベネフィットについてまで、顧客と同じようにブランドを感じることはそう簡単ではない。それぞれの持つ価値観や経験が異なるからである。

そして、ブランドの関係性が示唆しているのは、ブランドの価値の源泉はそもそも複雑であるということだ。ブランド間の関係やブランドと連想とのさまざまな関係によって価値が生み出されているとすれば、手探りでそれを正しくとらえることはきわめて難しい。

大切であることはわかっていても、無形で直接感じることができず、しかも複雑な関係性を持つブランドをどう育て、活用すればよいのか。多くの企業でとられる対策は、結局のところ以下のようなものである。

■とにかく商品を良くするために努力する
■まずは知名度を上げることに専念する
■ブランディングはそっくり外注して結果の報告だけ受ける
■ブランドがなくても売れる営業を育てる

そして、「こんな対策に終始していて、ますます厳しくなる競争環境のなかで本当に生き残っていけるのか」と不安に思っているのではないだろうか。

では、どうすればよいのだろうか。課題ははっきりしたものの、ブランドの価値はつかみどころのない、漠然とした「イメージ」によってもたらされているという、あきらめにも似た思いを消すことはできるのか。我々の答えは「イエス」である。ブランドの特殊性を十分に理解し、そこから生じる課題がわかったなら、あとはコンテクスト・ブランディングを実践してそれを解決するだけである。以下に、コンテクスト・ブランディングのアプローチの要点をまとめよう。

2 コンテクスト・ブランディングの特徴

コンテクスト・ブランディングは、コンテクストを切り口にしてブランドの特殊性に対応するブランディングの方法論である。後に詳しく説明するが、基本的には、「コンテクストによって、企業がデザインするブランド・アイデンティティを、顧客の持つブランド・イメージにつなげていく」というアプローチをとる。そしてコンテクスト・ブランディングでは、ブランドに関するあらゆるコミュニケーションを、アイデンティティとイメージをコンテクストでつなげていく作業としてとらえ直す。

コンテクスト・ブランディングのアプローチの特徴は、①コンテクストの可視化によるコミュニケーション・モデルのデザイン、②メッセージとコンテクストを統合した戦略シナリオづくり、③個別コミュニケーションの戦略的体系化によるブランディング、に分けて考えることができる。

なお、コンテクスト・ブランディングの考え方をよく理解するためには、ブランド知識、ブランド・イメージ、ブランド・アイデンティティ、コンテクストといった概念についての理解が必要となるが、これらの詳しい解説は次節に譲り、ここでは、それが課題解決のアプローチとしてどのような特徴を持っているのかを説明する。

コンテクストの可視化によるコミュニケーション・モデルのデザイン

ブランドの間接性のところで述べたように、企業は、顧客に働きかけるという間接的な方法でしかブランド価値の増減には関与できない。それゆえに、コミュニケーションはブランディングに不可欠の要素となる。しかし、認知や判断のもととなるさまざまな知識（以下ではこれを「知識ベース」と呼ぶ）は、企業や顧客を含め、ブランドにかかわる各々が個別に持っているものである。しかも各々の知識ベースに必然的な相違があることから、ブランド・アイデンティティを企業の意図どおりに顧客に伝えることはきわめて難しい。それを達成するには、企業と顧客の知識ベースとコミュニケーションに付随する状況情報はもちろんのこと、周辺に散在するブランド知識にも配慮したコミュニケーションをデザインしなければならない。

それにはまず、どこにどのようなブランド知識があるのかを知ることから始める必要がある。しかし、ブランドの無形性についての説明でも述べたように、ブランド知識は基本的には目に見えない。そこでコンテクストとして表現することによって知識を可視化し、コミュニケーション・モデルをデザインする。それがコンテクスト・ブランディングの第一の特徴である。

コンテクストによってブランド知識を可視化するためには、知識の持ち主を特定し、その知識を言語などによって表現していく必要がある。コンテクスト・ブランディングでは、言語化された概念を結節点として連想のネットワークとしてつなぎ合わせていく。こんな言い方をすると大げさに聞こえるかもしれないが、要は連想されたキーワードをどんどん結びつけていくということである。

たとえば、サッカーについて考えたとき、ワールドカップ、日本代表選手、Jリーグなどが連想されたとしよう。これらのキーワードを「サッカー→ワールドカップ」というように結びつけていくわけである。

連想のネットワークは、一次連想、二次連想……というように、どんどん広げていくことができる。先の例で言えば、一次連想とはサッカーからすぐに連想されたキーワード（たとえばワールドカップ）であり、二次連想とはそのキーワードから連想されたキーワード（たとえば、スポンサー企業であるコカ・コーラ）である。こうして連想ネットワークをつくっていくうちに、意識の深層にあって表現しにくい暗黙的な知識が顕在化してくることも少なくない。暗黙的な知識は必ずしも完全に表現されなくても、連想ネットワークにおける概念間の関係性を読み取ることによって洞察を得ることができる。

このようにして形成された連想ネットワークは、後述するアイデンティティやイメージの階層構造を使って、より大きなコンテクスト構造にデザインすることができる。

■メッセージとコンテクストを統合した戦略シナリオづくり

伝えたいことだけをメッセージにして発信しても、コミュニケーション主体間のコンテクストの相違からなかなか意図が伝わらない。企業と顧客の間で価値観や経験が異なることは、何ら不思議なことではない。その問題を解決するために、コンテクスト・ブランディングではメッセージとコンテクストを統合したシナリオをつくる。つまり、メッセージの意味解釈に必要なコンテクストをメッセージのなかに計画的に組み込むことによって顧客とコンテクストの共有を図り、意図した意味を伝えるシナリオを描くのである。

シナリオづくりは戦略的な観点で行う。すなわち、つながってほしくないコンテクストから顧客を遠ざけ、つながってほしいコンテクストには近づけるように、ブランドが持つコンテクストと顧客が持つコンテクストを、連想ネットワーク上で計画的につなげていくのである。

■ 個別コミュニケーションの戦略的体系化によるブランディング

最近のコミュニケーション研究では、コミュニケーションにおける三つの相を指摘している。(注1) 第一の相は、送り手が受け手に対して何らかの影響を及ぼすことを目標になされるコミュニケーションで、「説得達成の相」と呼ばれる。第二の相は、送り手と受け手との間で経験や知識、意見を共有する試みを通してリアリティを形成することを目標とするもので、「リアリティ形成の相」と呼ばれる。そして第三の相は、意図しないままに、つまり目標によって制御されないままに伝わってしまう部分のコミュニケーションで、「情報環境形成の相」と呼ばれる。

コンテクスト・ブランディングは、この三つの相を戦略的に統合した形でブランド・コミュニケーションを体系化したものともいえる。これまでのブランド・コミュニケーションは、ここで言う説得達成の相に偏りすぎていた。ブランディングを成功させるためにはコンテクストの共有が不可欠であり、リアリティ形成の相や情報環境形成の相も戦略的に体系化していかなければならない。

たとえば、工場での労務管理など、ブランドと直接にはつながりがない企業組織内の活動でも、コミュニケーションの情報環境形成の相として認識し、コンテクスト構造のなかで解釈され、意識的に意味づけされるべきである。

コンテクスト・ブランディングは、広告キャンペーンなど単体で実行し、目標を達成できるものではない。顧客をはじめとするコミュニケーションの対象者がブランドと接するあらゆる場面を想定し、それらを戦略的に体系化することによって、時間をかけてブランディングを行っていくものである。たとえば、体験的に得られるコンテクストを共有するためには店舗内でのフェース・トゥ・フェースのコミュニケーションを使い、理解のために必要となるコンテクストはホームページや情報番組を使って伝え、情緒的なコンテクストはドラマチックな映画やスポーツイベントのスポンサーなどで補い、メイン・メッセージはテレビＣＭで訴えるといった具合である。要は、これらがすべて場当たり的にではなく、戦略的なシナリオに基づく一貫性を持って実行されることが肝要なのである。

3 コンテクスト・ブランディングの考え方

ブランドが抱えているさまざまな課題を解決するためのアプローチとして、コンテクスト・ブランディングの特徴を一通り説明してきた。そこで次に、その考え方のコアと主要な概念について解説したい。まずはコンテクストとして機能するブランド知識とその創造プロセスについて説明する。次に、その理解を土台にして、ブランド・イメージとブランド・アイデンティティ、そしてそれをつなげるコンテクストについて一つひとつ説明していく。

顧客が持つブランド・イメージと企業が伝えようとするブランド・アイデンティティは、コンテクスト・ブランディングを理解するうえで特に重要なものである。それらのブランド知識がコンテクストとして機能し、さまざまなコミュニケーションによってつながっていくことによってブランドの価値は創造されるのである。

ブランド知識とは何か

伝統的に消費者心理学やマーケティングの領域では、ブランド知識を「マーケティング活動に対する消費者の反応の差異をもたらす、消費者のブランドに関する知識」ととらえ、消費者の心のなかにあるブランドのイメージを主に研究してきた。(注2)一方、D・A・アーカーのブランド論や実務家による研究の多くは、企業がブランドに持たせたいと望む連想をブランド・アイデンティティという形で明確にし、それを精緻化する方法に研究の焦点を当ててきた。

しかし、企業が伝えたいアイデンティティと顧客が持つイメージがうまく一致しないことが、ブランディングの現場での大きな悩みとなっている。この問題は、これまでの研究の蓄積によって、それぞれに対する理解が個別には存在するものの、その二つをどうつなげていくかという理解に統合されていないことから生じていると思われる。

ブランドの間接性から考えて、多くのブランド知識は企業と顧客の相互作用のなかで共有され、創造されているはずである。しかし、そのプロセスを理解し分析するための枠組みをつくるにあたって、ブランド知識の所有者は消費者に限定されるべきではない。なぜなら、ブランド知識はブランドにかかわるさまざまな関係者をつなぐコンテクストとして機能する重要な概念だからである。(注3)そこで我々は、ブランド知識を「ブランド価値を創造するために活かされうるあらゆる知識」と定義し、その所有者を消費者にとどまらず、ブランドにかかわる人たち一般に拡大した。

■ブランド知識の創造プロセス

人間はインプットとして入ってくる情報や刺激（これも広義の情報である）を、自らの内に蓄積された知識から成る知識ベースを使って意味づけしたり、解釈したりする。我々が受け取る情報には、過去に意味づけを終え、あらためて意味づけを行う必要がないものも少なくないが、基本的には、新しいインプットがあったときには、それを意味づけ了解するというプロセスを経て、知識ベースに組み込む（すなわち記憶する）と考える。また、意味づけもしくは了解ができないものについては、「不可解なもの」として記憶される。つまり、人間は心のなかで、自分にとって意味のある世界を形成するように情報を整理し、知識として構造化しているのである。

人間の知識ベースには、過去の経験知をはじめ、科学的信念や宗教的信仰、言語や文化に関する知識、人間関係など、さまざまなものが構造化されており、外部からのインプットを理解するために、その一部が文脈として機能すると考えることができる。また、そのほかに文脈の機能を果たすものとしては、情報をインプットされる「状況」についての情報（いつ、どこで、だれが、どう話したといった類の情報）も考えられる。後者の文脈を、本書では「文脈情報」と呼ぶ。

インプットされた情報は、これらの文脈の助けを借りて思考操作が可能な「表象」（representation）と呼ばれるものに再構成され、意味づけが試みられ、これが新たな知識となる。表象について理解するために、ここでは「アイスクリーム」という情報の例で考えてみよう。

だれもが、知識ベースにアイスクリームに対する何らかのイメージを持っているだろう。そこにアイスクリームという情報がインプットされると、知識ベースのなかから連想を想起し一つのイメージを形成する。そのイメージは、アイスクリームの形や味、香りを中心に、「冷たい」「夏」「当たりクジ付き」といった連想がネットワークを形成しているものと考えればよい。これが表象である。そして、インプットされた情報がそのネットワークに組み込まれることで「ガラス容器に盛られたアイスクリーム」や「子供の頃によく食べた棒状のアイスクリーム」といった新たな連想を想起し、「アイスクリームが食べたいなぁ」とか「あのアイスクリームはまだあるのかな」などと考えるわけである。つまり、表象とは「考える際に心のなかに思い描かれるもの」である。そして、「心のなかで表象をあれこれ操作し、新たな表象をつくり出すプロセス」が思考プロセスである。

この例では、インプット情報と、すでに知識ベースにあったアイスクリームのイメージのなかから想起されたものとが組み合わさって、表象にアイスクリームのイメージが形成されている。ここで、表象に現れたイメージは、知識ベースに時間をかけて蓄積された、もっと豊かで奥深いイメージをすべて表したものではない。ある時点で想起された連想から成る、限られたイメージである。とはいえ、知識ベースにあるイメージを反映したものであり、思考プロセスを経て再び知識ベースに蓄積されるものなのである。

知識のなかでも、ある事柄に関連して構造化されたものを、F・C・バートレットは「スキーマ」(schema) と名づけた。知識ベースにはさまざまな知識が蓄えられているわけだが、その一部はスキーマとして、強固に構造化されていると考えられる。知識ベースのなかにはさまざまなスキーマが蓄えられ、日々インプットされる大量の情報の処理を助けたり、新しい知識創造の土台となったりする。さらに、人の世界観は、複数のスキーマが組織化された、体系のような構造を持つと仮定することができる。この場合、スキーマ間のつながりはスキーマ内の連想のつながりほど強固なものではない。

■ ブランド・イメージ

イメージは、構造的にはスキーマと同じような連想ネットワークとして表すことができるものだが、概念間のつながりはもっと緩やかで、状況に応じて異なるつながりを見せる。イメージが、つかみどころのない厄介なものだと思われている大きな理由は、表象として心に浮かぶイメージが状況に応じてずいぶんと異なるからである。マーケティング調査の専門家なら、ちょっとした質問の仕方の違いで、消費者が語るブランドのイメージが大きく変わってしまうことを知っている。消費者は表象をもとに語り、表象は知識ベースにあるイメージの一面しか映さず、状況によって異なる面を表すのである。

イメージという言葉には、大きく二つの意味合いがある。

一つは、思い起こしたり、外部から知覚したりしたものを心のなかで操作する（つまり思考する）ときに形成される事物あるいは抽象物の姿である。まさに、「想像する」という意味合いのイメージである。この場合、イメージは表象の一部、もしくは表象そのものである。視覚的イメージのように身体感覚からとらえられたイメージは、特に「パーセプション」（知覚）と呼ばれることもある。

イメージは知識の一種だが、知識には言語や数式、記号などを使って表現可能な形式知と、身体的なノウハウや信念、ものの見方・考え方、価値観、世界観といった表現することが困難な暗黙知の二つのタイプがある。（注4）この場合のイメージは、形式知として記号化することが比較的容易なものである。たとえば、色や形、匂いや音色、触感や動作といった感覚的なイメージは、形容詞や副詞を駆使することによって、一般的に広く伝達することができる。

一方、イメージのもう一つの意味は、意識と無意識の世界にまたがる個人の「心的現実の世界」である。これは深層心理学における意味合いで、この場合のイメージは人間の心の奥深い層に根差すものであり、主体である個人とは切り離すことができない、きわめて私的、経験的な知識である。よって、表現することが難しい暗黙知である。たとえば、ペットの犬を子供がわりに愛している人が持つ犬のイメージを知るためには、いくつもの逸話を聞くだけでは十分ではない。その人と行動を共にするなど、何らかの体験の共有が必要になるだろう。

これら二つのタイプのイメージを考えたとき、わかりやすく、扱いやすいのは、明らかに前者である。しかし、企業が顧客やブランド・イメージについての洞察を得たいのであれば、表象やパーセプションといった意味合いでのイメージの理解だけでは足りないことは、ブランドの多層性を思い起こせば明らかであろう。また、表象として意識されたブランド・イメージはブランドについてのさまざまな連想の一部にすぎず、どんなイメージが表象となるかはインプット情報によって異なるため、その信頼性は十分に高いとはいえない。したがって、ブランド・イメージを理解するには、暗黙知として持っているイメージも対象にしなければならないのである。

たとえば、自己表現のためにハーレー・ダビッドソンのバイクを愛用する顧客について考えてみよう。彼らにとってブランドが何であるかを理解するためには、短い会話や限られたスペースのなかで表現されるイメージだけでなく、当人の世界観、自己認識、あるいは「心的現実」に対する理解が不可欠である。そして、顧客が個人的な経験を通して獲得した暗黙知としてのイメージを理解するためには、暗黙知を暗黙知のまま共有するという姿勢も重要である。すなわち、ブランドに関する経験や顧客にとって大切な経験、その他日々の生活のなかでの経験そのものを共有する努力が必要となるのである。

しかし、経験を共有することは、そうそうできることではない。そこで、言語表現などの形式知を介して暗黙知としてのイメージの理解を深める方法が必要になる。それには精神分析の手法が役立つ。精神科医が患者の深層心理を分析するために行うカウンセリングなどは、その典型的な例である。それを応用して、心の深層にあるイメージを表象として意識上に引き出し、最終的には形式知にするわけである。それをうまく行えるか否かは、インタビューにおける問いかけの「質」にかかっている。質の良い問いかけは、顧客が言葉にできなかった思いまで引き出すことができる。つまり、精神科医と患者の間で文脈が共有されることで、深層に迫る対話が成立するのと同じである。

問いかけの際に比喩表現を用いることは、表象として意識上になかなか現れてこない暗黙的なイメージを引き出したり、言葉にしにくいイメージを伝達したりするのに役立つ。

また、イメージは足りない情報や知識を穴埋めするための推論のベースとなるため、コミュニケーションの相手に好ましいイメージを持ってもらうことはきわめて重要である。特に受信者が持つ発信者についてのイメージは、発信されたメッセージの内容全般についての文脈情報となるばかりか、メッセージからは直接わからないことを推論するベースになるため、特別な注意が必要である。

発信者のイメージは、一般にその人の「パーソナリティ」として受信者の表象に形成される。ここではそれを、「その人の思考や判断、情動等も含めた広い意味での行動に時間的・空間的な一貫性を与えるもの」と定義しよう。パーソナリティは通常、「有能な」「柔軟な」「弱々しい」などの形容詞で表現される。一方、ブランド・パーソナリティは、ブランドを人の比喩で表現した場合のパーソナリティであり、表現の仕方も人の場合と同じである。

図2-2◉ブランド・イメージの概念図

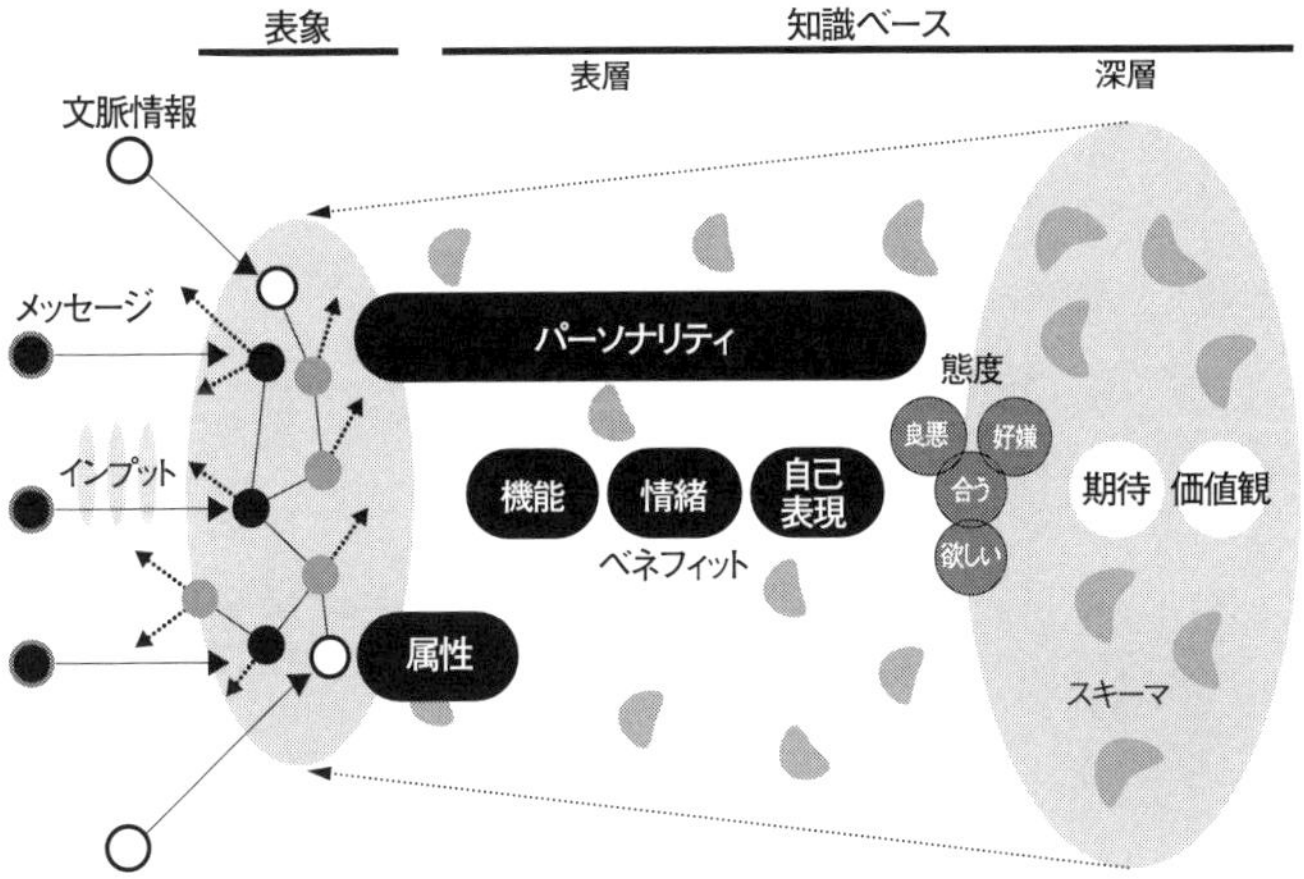

したがってブランドのコミュニケーションを考えるときにも、好ましいブランドのパーソナリティを積極的に発信していくことが望ましい。

消費者心理学などこれまでの研究から得られる知見から、我々はブランド・イメージの主要な構成要素として、価値観、期待、態度、ベネフィット、属性、そしてパーソナリティを取り上げた。さらに態度は「良い・悪い」「好き・嫌い」などの判断要素から形成され、ベネフィットはすでに述べたように機能、情緒、自己表現の三つに分かれる。それらの詳細および関係性については、次節の「ブランド・イメージの構造」で説明しよう。

ここで理解しておきたいのは、それぞれの要素が心のなかのどのあたりでイメージされているかということである。そして、メッセージなどのインプットが外部からあったとき、それらのイメージ要素がどのように表象を形成するのかということである。ブランド・イメージの概念図として図2－2にそれらを示した。

ブランド・アイデンティティ

基本的にアイデンティティは、自己についてのイメージとしてとらえることができる。それは、アイデンティティが、自身で知覚した自己の表象といったレベルから、心の深層に根差したレベルまで、多層的に形成されうることを示唆している。したがって、ブランド・アイデンティティを言語や記号を使って形式知化する作業の前提には、暗黙知を中心とした豊かな知識ベースの存在が想定されていなければならない。形式知に落とし込まれたブランド・アイデンティティは氷山の一角にすぎず、水面下には巨大な暗黙知の塊が文脈として存在していると考えるべきである。

ブランド・アイデンティティの暗黙的な部分を伝えるための言語表現は、人や組織、シンボルなど、顧客とイメージを共有しているものにブランドをたとえることによって可能

図2-3◉ブランド・アイデンティティの概念図

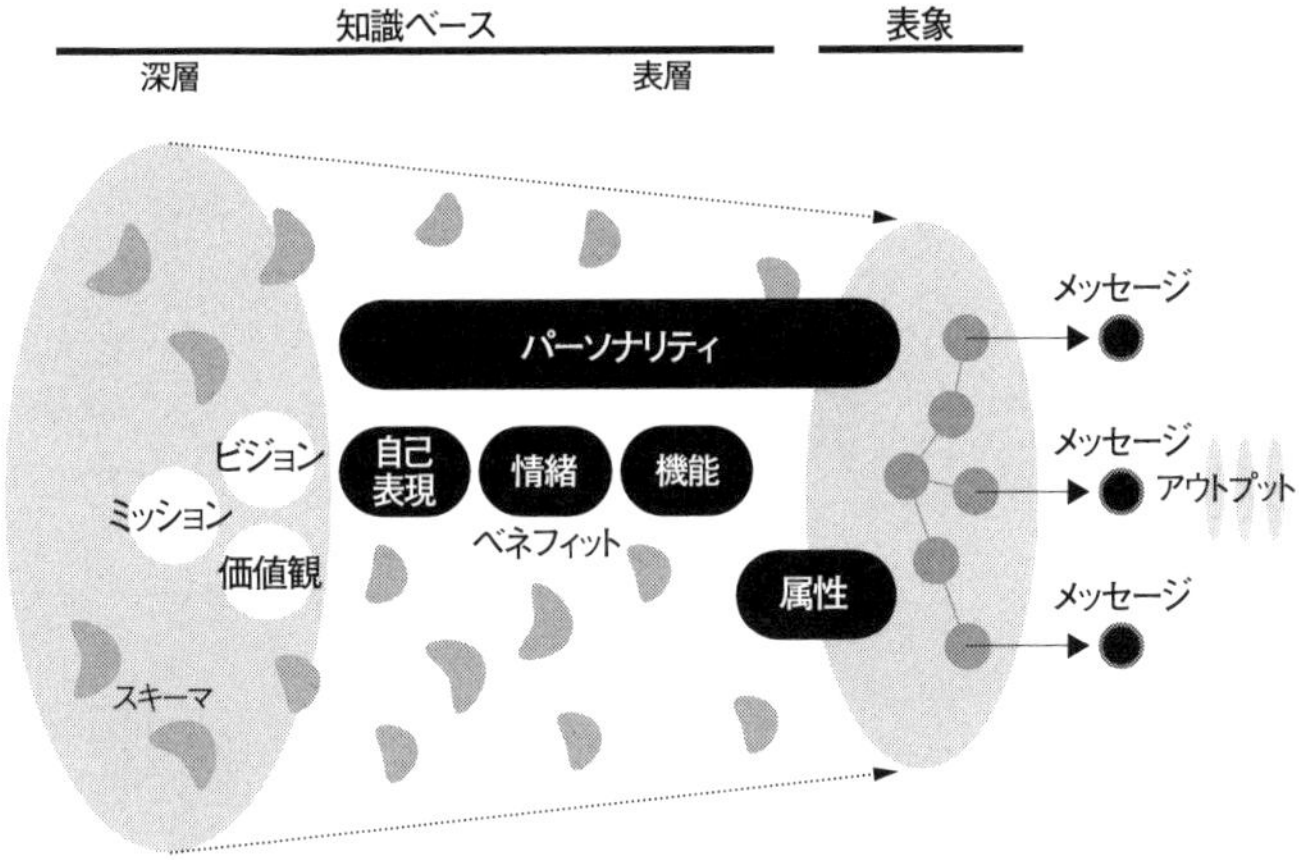

となる。比喩表現を行う際のポイントは、すでに共有されているイメージに、ブランドに関する暗黙知をいかに投影するかということである。たとえば、「温かくて頼りになる町医者」のイメージが共有されていれば、同じようなアイデンティティを持つブランドを町医者にたとえることによって、暗黙的な部分まで伝えることができる。

ブランド・アイデンティティによって自社商品が差別化されるということは、自社ブランドのアイデンティティを競合ブランドよりも、何らかの基準で顧客に高く評価されることを前提としている。このため、アイデンティティは自己イメージであると言いながらも、特にブランドの場合は、顧客や競合といった他者によって規定される側面を強く持つことを忘れてはならない。

ブランド・アイデンティティについても、心理学やブランド論などこれまでの研究から得られる知見に基づき、我々はその主要な構成要素を特定した。ミッション、価値観、ビジョン、ベネフィット、属性、そしてパーソナリティである。ブランド・イメージのときと同じように、**図2-3**をよく見ながら、企業が伝えたいアイデンティティ要素の概念的な位置関係と、メッセージを外部に発信するときにそれらがどのように表象を形成するのかについて確認していただきたい。アイデンティティ要素の詳細および関係性については、次節の「ブランド・アイデンティティの構造」で説明する。

■コンテクスト

あるメッセージ（情報）が文脈情報と一緒にインプットされると、我々は自分の知識ベースから反応するイメージを引き出し、結合させて思考可能な表象を形成する。ここで問題となるのは、イメージとインプット情報の結合を促すものは何かということである。我々の知識ベースにはイメージだけでなく、価値観や、それに基づく期待や関心、欲求な

図2-4◉コミュニケーションの概念図

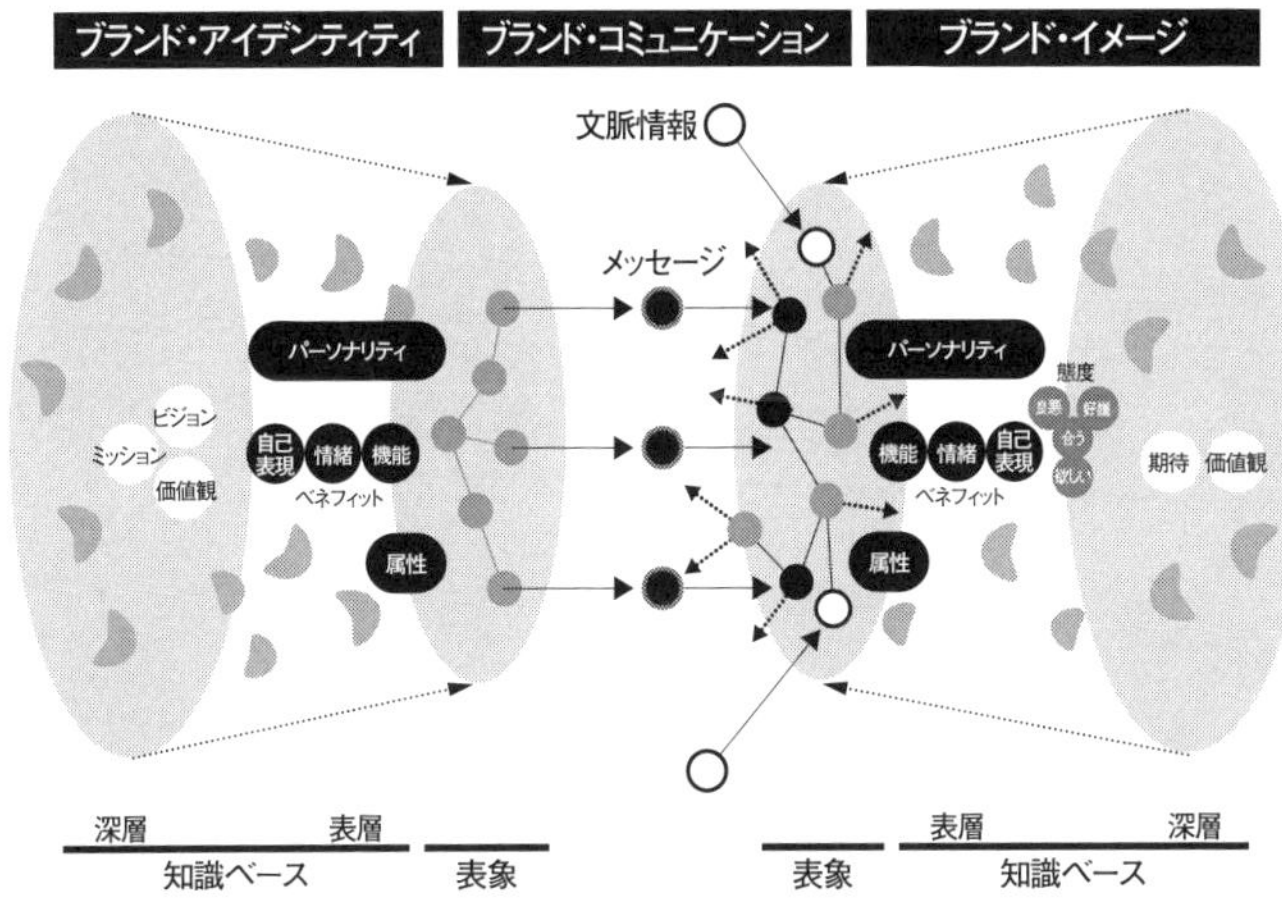

どが含まれており、それらが文脈の役割を果たしてイメージとインプット情報の結合を促すのである。ほかにも、発信者と接触したときに受け取って発信者のパーセプションを形成するために使われる文脈情報（落ち着きのない表情、穏やかな語り口など）も文脈の役割を果たす。つまり、我々が外部からの刺激や情報の意味を理解し、了解するためには、何らかの文脈（コンテクスト）が必要なのである。

こうした文脈を切り口にしたコミュニケーションの考え方を概念的に表したものが、図2－4である。発信者が何らかのメッセージを考えるときには、発信者の内部で表象が形成される。

その際の文脈となるのは発信者の知識ベースである。そして発信者は表象の一部を言語などによって形式知に変換し、何らかの意図とともにメッセージとして受信者に伝える。受信者は、文脈情報と、自分の知識ベースから提供される文脈を使って受け取ったメッセージの表象を形成し、その意味と意図を理解するのである。そして、理解された意味は新しい知識となり、受信者の知識ベースが更新されることになる。

このことをブランドについて考えてみよう。まず、企業がブランド・アイデンティティを考えるとその表象が形成される。そのコンテクストとなるのは企業の知識ベースである。表象の一部が記号や言語を使って形式知に変換され、ブランド・アイデンティティとして規定される。そしてその一部がメッセージとして取り出され、顧客に発信されるのである。

顧客は受信したメッセージに対し、既存のブランド・イメージなどの知識ベースと文脈情報をコンテクストにして表象を形成し、メッセージと結合させてその意味を理解する。そして、新たな知識によってブランド・イメージが変化するなど、知識ベースが更新されるわけである。これが、ブランディングにおけるコンテクストのメカニズムである。

4 コンテクスト・ブランディングの枠組み

前節では、コンテクスト・ブランディングの理論的な背景と、その考え方について解説した。コンテクスト・ブランディングを実践的な手法として活用するためには、その考え方に沿った「枠組み」が必要となる。

本節では、枠組みとなるモデルを示すとともに、それを構成する要素について簡単に説明し、それらの関係性を整理してコンテクスト・ブランディングの全体像を明らかにしたい。構成要素ごとの詳しい説明は、第4章から第6章までの各章で行う。

コンテクスト・ブランディングの三領域

図2－5は、図2－4をもとに、実践的であることを重視しながらコンテクスト・ブランディングの枠組みをモデル化したものである。

図2-5◉コンテクスト・ブランディングの構造モデル

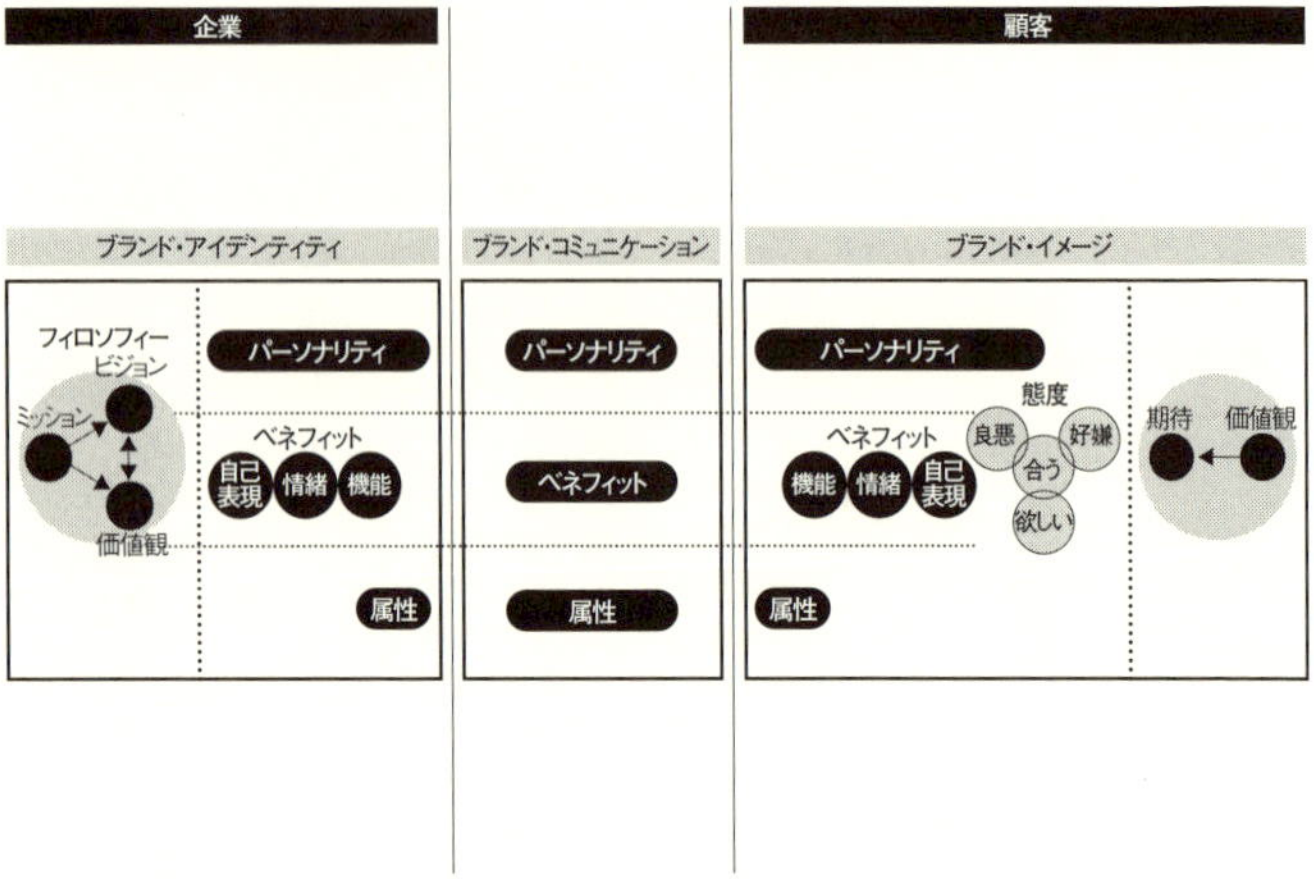

図からわかるように、この枠組みはブランド・アイデンティティ、ブランド・イメージ、そしてブランド・コミュニケーションの三つで構成されている。これをコンテクスト・ブランディングの三領域と呼ぶ。

まずは、ブランドをこの三領域で構造的にとらえることが大切だ。ブランドは企業のブランド・アイデンティティと顧客のブランド・イメージ、その二つを結ぶコミュニケーションの三領域にかかわっており、その関係性を把握できなければブランドを取り扱うことはできない。コンテクスト・ブランディングを行うためには、このモデルによって三領域の関係性を把握することが前提となる。

次に、コンテクスト・ブランディングの三領域それぞれについて構造化を行う。構造化にあたっては、ブランド知識の考え方をベースにしている。知識が暗黙知と形式知に分かれることはすでに述べたとおりだが、暗黙知は心の比較的深層に、形式知は比較的表層にあると考えるのが自然である。

コンテクスト・ブランディングでは人間の心を、形式知にしやすい知識が蓄えられている表層部と、その奥底にあり、きわめて私的・経験的な知識が暗黙知として蓄えられている深層部に分けて考えている。そのため、ブランド・アイデンティティ、ブランド・イメージとも、心の深層部分までアプローチして構造化している。

こうした二重の構造化により、ブランドの取り扱いを難しくしているブランドの特殊性――「無形性」「間接性」「多層性」「関係性」に対応し、コンテクスト・ブランディングをうまく実践できるようにブランド知識を可視化することができる。

それでは、三領域の構造を見てみよう。前出の図2-2、図2-3を参照するとわかりやすいだろう。

ブランド・アイデンティティの構造

コンテクスト・ブランディングは、基本的には企業によるブランド・アイデンティティの規定作業から始まる。それにはまず、ブランドの根底にある「世界観」を理解し、共有するために、ブランドと語り、ブランドを経験することが必要になる。

ブランドと語るということは、すでにブランド・ステートメントなどに形式知としてまとめられたミッション、価値観、ビジョンといったフィロソフィーを読み込み、自分の価値観や考え方と心のなかで照らし合わせながら取り込んでいくことである。ブランドのフィロソフィーが明記されていなければ、その背後にある企業の経営理念などを読み込むことも、助けになるだろう。ブランドを支えるすべての企業活動は、ブランドのコンテクストとして機能しうるからである。

一方、ブランドを経験するということは、ブランドの世界観を暗黙知のまま共有することである。ディズニーの幹部は、ディズニーランドのキャストを定期的に務めてブランドを体験するという。こうした経験を通じてブランドが持つ世界観を暗黙知として共有することが、ブランド・アイデンティティを規定するうえで大切である。

次いで、ブランド・アイデンティティを明確な形式知に落とし込む。その際には、「顧客にとってのベネフィットは何か」というように、それを規定する他者として顧客などのステークホルダーの視点を持つことが不可欠となる。ブランドに価値を見出す他者がいて、初めてブランドは存在意義を持つからである。

すでに述べたとおり、コンテクスト・ブランディングにおいては、ブランド・アイデンティティをはじめとする三領域の構造のなかで常に明確化しておくべき要素として、ベネフィットと属性、パーソナリティの三つを考える。ベネフィットは顧客にとってのブランドの価値を具現化したものであり、機能ベネフィット、情緒ベネフィット、自己表現ベネフィットに分けられる。自己表現ベネフィットに注目するのは、それが価値観によって評価されるベネフィットだからである。

属性とは基本的に商品の属性のことで、ブランドのベネフィットを裏づける事実（ファクト）であり、ブランドと不可分のものである。そしてパーソナリティは、ブランドのメッセージを伝える「顔」である。ブランドに関する情報の価値（意味）は発信者の特性・キャラクターの影響を強く受けるため、パーソナリティはブランド・コミュニケーションにおいて大きな役割を果たす（パーソナリティについては第7章で詳説する）。したがってコンテクスト・ブランディングではこの三要素を重視する。

このように、ブランドの暗黙知を背景に表象としてのブランド・アイデンティティが形成される。そこからベネフィット、パーソナリティ、属性の三つを基本的な要素とするブランド・アイデンティティが形式知として、言語やシンボルなどに記号化されることになる。これが、企業から顧客などに伝えられるアイデンティティの構造であり、企業がブランドに関するメッセージを発信する際には、メッセージの内容となるとともにコンテクストとして機能するのである。

ブランド・イメージの構造

顧客の心の深層には、当人の世界観を形成する重要な知識ベースがあるが、特に関心や欲求のベースとなる価値観とそこから生じる期待が、ブランド・イメージの形成においては重要な役割を果たす。また、ブランドの消費経験などを通して顧客の心のなかに暗黙知が蓄積され、ブランド・イメージの形成に影響を与える。

ブランド・イメージの構造は、基本的にブランド・アイデンティティの構造に似ている。これは、ブランド・アイデンティティが企業によってつくられるブランドの自己イメージであることを考えると、自然なことである。

顧客があるブランドの情報を受け取ると、その情報と自分が持つ知識ベースをもとにして表象としてのブランド・イメージが形成される。表象として現れるブランド・イメージは、顧客の持つ期待などを基準に評価され、そこからブランドに対する態度が形成される。態度は、良いか悪いか、好きか嫌いか、自分に合うか合わないか、欲しいか欲しくないかといった要素を持つ。そうした期待や態度がブランドの購買行動に影響を与えることになるが、その根底にあるのは顧客の持つ価値観である。

コンテクスト・ブランディングのモデルでは、ブランド・イメージの構造を、比較的表層に属性があり、そこから深層に向かって機能、情緒、自己表現の三つのベネフィットが階層構造を成しているものと考える。機能、情緒、自己表現のベネフィットに対応する態度としてそれぞれ、良し悪し、好き嫌い、自分に合う合わないという構成要素が当てはまるととらえることもできる。

ブランド・パーソナリティには、パーセプションと、すでに知識ベース内にブランド・イメージの一部として蓄積されているものがある。パーセプションとして表象に取り込まれたパーソナリティは、知識ベースに蓄積されて、次第に心の深層部へと浸透し、安定してくる。パーソナリティは、ブランド・アイデンティティの場合と同様に、メッセージを意味づけする際にコンテクストとして機能する。

ブランド・イメージの構造化の対象となるのが必ずしも顧客だけでないことは、言うまでもない。コミュニケーションの対象となりうるブランドの関係者は、顧客以外にも株主や社員、取引先、マスコミなど多様である。また、同一の人物であっても立場によって抱くブランド・イメージが変わる。たとえば、株主としてブランドを考えたときと顧客として考えたときでは、同じブランドに対して異なるイメージが思い描かれることは容易に想像がつくだろう。

ブランド・コミュニケーションの構造

コンテクスト・ブランディングの枠組みにおいて、企業のブランド・アイデンティティと顧客のブランド・イメージを結びつけるのはコミュニケーションで交わされるコンテクストとメッセージである。

メッセージの構造は「だれが伝えるのか」を示すパーソナリティと、「何を伝えるのか」を表すプロポジション（提案）に分解できる。そして、プロポジションを構成するのがベネフィットと属性である。(注5) 三つの要素のうち、ベネフィットがどちらかというとメッセージの中核を成すものだとすれば、パーソナリティはコンテクストとしての役割を果たす主たる要素であり、属性はどちらにもなりうるものである。

企業が意図した形でメッセージを顧客に伝えるためには、その意味を規定するコンテクストに一貫性があることが必要だ。特に重要なのは、パーソナリティと属性・ベネフィットの整合性である。人間同士のコミュニケーションを見てもわかるように、メッセージの受け手はその内容よりも、「だれが」メッセージを発しているのかにまず注目する。そして発信者が信頼できる人だとわかった後に、その内容を確認する。したがってコミュニケーションにおいては、まず顧客に受け入れられるパーソナリティを規定すること、そしてそれと整合のとれた属性、ベネフィットでメッセージの内容を構成することが重要になる。

さらに、メッセージを載せるメディア自体も、顧客の受信状況において重要な文脈情報となることを忘れてはならない。

こうした構造を基本にしたうえで、説得達成、リアリティ形成、情報環境形成という三つの相を戦略的に統合した形でブランド・コミュニケーションを体系化していくのである。

三領域の連関がもたらすダイナミズム

ブランド・アイデンティティ、ブランド・イメージ、ブランド・コミュニケーションという三つの領域は、ベネフィット、属性、パーソナリティという三つの要素によって、有機的につながっている。三つの要素は企業と顧客にとって共通するブランド知識であり、それぞれの知識は他の知識のコンテクストになったりしながら互いに結合し、意味ネットワークを形成している。それゆえ、戦略的にコンテクストをつくっていくコミュニケーション体系によって、ブランド・アイデンティティとブランド・イメージは、意味ネットワークのなかで整合性を持つことができるのである。

ブランド・アイデンティティやブランド・イメージを形成するブランド知識は、パーセプションのレベルから、心の深層に根差したレベルまで、多層的に存在する。形式知に落とし込まれたブランド知識は氷山の一角にすぎず、水面下には暗黙知を中心とした豊かな知識ベースがあり、コンテクストとして機能しうる。従来のブランド理論が形式知を対象にしてきたのに対し、コンテクスト・ブランディングでは心の深層に根差した豊かな知識ベースの存在を重視し、そこにある暗黙知を表象として意識上に引き出し、最終的には形式知化していく。このように暗黙知と形式知の変換のダイナミズムに着目している点がコンテクスト・ブランディングの大きな特徴である。(注6)

そしてコンテクスト・ブランディングでは、ブランド・アイデンティティとブランド・イメージが互いの「知識」の刺激・獲得・創造をベースに循環していると考える。ブランド知識は、企業と顧客の間を中心に、流通やマスコミなども巻き込んだ関係者間のダイナミックなコミュニケーションによって創造されているのである。その結果としてブランド・アイデンティティのブランド知識が顧客の心のなかに、ブランドの世界観まで含めて暗黙知として共有されたとき、顧客の心に強固なブランド・イメージを築くことができるのである。

まさにコンテクスト・ブランディングは、ブランド・アイデンティティとブランド・イメージ、ブランド・コミュニケーションの三領域にまたがるダイナミズムによって、ブランドの特殊性を克服しているのである。

5 コンテクスト・ブランディングのプロセスモデル

コンテクスト・ブランディングの枠組みをもとに、そのプロセスモデルを考えてみたい。コンテクスト・ブランディングの本質は、コンテクストを活用してブランド・アイデンティティとブランド・イメージをダイナミックに統合し、価値あるブランドをつくることである。そのプロセスは、コンテクストをマネジメントするという考え方を軸に、図2－6にあるような七つのステップに分けて考えることができる。

コンテクストの探索から始まり、コンテクストの構造化、推敲、内部共有、刺激、共創と続き、コンテクストの管理が最後のステップとなる。大まかに言えば、コンテクストの探索と構造化、推敲までが計画（PLAN）プロセスであり、内部共有と刺激、共創が実行（DO）プロセス、最後の管理が維持（SEE）プロセスである。

ただし、図にも示されているように、これら一連のプロセスは循環型の構造を持っている。最後のステップであるコンテクストの管理は、刺激されたコンテクストとメッセージ

図2-6◉コンテクスト・ブランディングのプロセスモデル

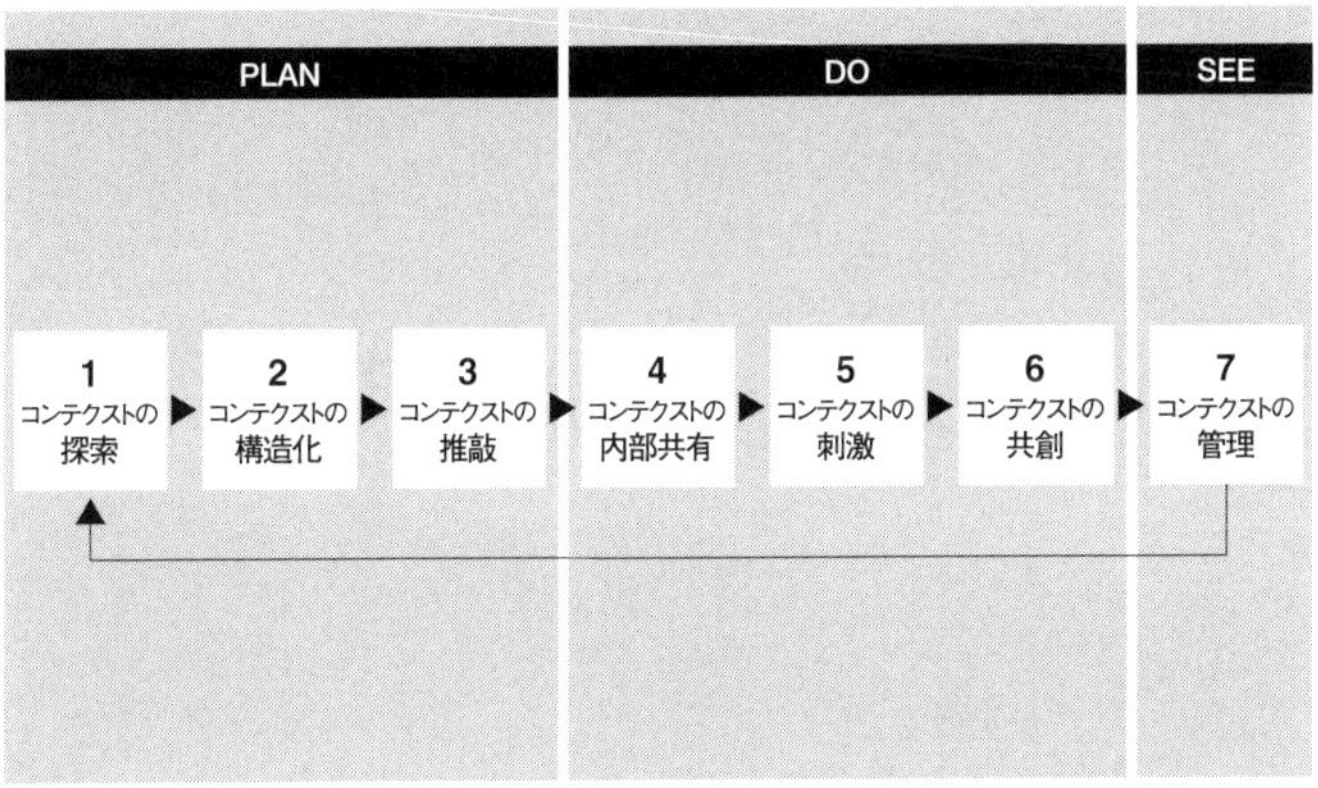

が顧客のブランド知識となり、新たなコンテクストを共創していくプロセスを管理するものであるが、必要に応じて再びコンテクストの探索に戻り、以下同様のステップを繰り返すことになる。これは、ダイナミックに変化する顧客や企業、そしてコンテクストを提供する社会環境の変化に対応するためだ。もちろん、一番初めのサイクルが土台をつくるので、二サイクル目以降は、大きな変化が起きない限り確認の作業が中心となるはずである。

断っておくが、ここに示したのはあくまでも作業手順のプロトタイプである。実際の運用においては、途中で作業が同時進行したり、逆戻りしたり、特定のループを繰り返したりすることも考えられる。個別事例への対応は、状況に応じて柔軟に考えるべきである。とはいえ、プロトタイプの理解は柔軟な実践の第一歩となるはずである。各ステップについて、以下に詳しく見てみよう。

【ステップ❶】コンテクストの探索

コンテクスト・ブランディングは、コンテクストの探索からスタートする。この作業は基本的に、だれが、どのようなブランド知識を保有しているのかを明らかにしていくものである。その際、コンテクスト・ブランディングの枠組みが効果的な探索の指針となるだろう。

ブランド知識の探索の対象となるのは、ブランドにかかわる人すべてであるが、最も重視すべきは企業と戦略的なターゲット顧客（以下、戦略顧客と呼ぶ）のブランド知識である。その理由は、両者がブランド・アイデンティティに関する知識とブランド・イメージに関する知識のそれぞれ中心的な源泉であるからだ。その他の関係者としては、取引先（サプライヤー、流通など）、株主（およびアナリスト）、メディア、専門家などが考えられ、主にコミュニケーションの際にコンテクストとなる知識や、ブランド・アイデンティティの規定

図表2-7◉コンテクスト探索の対象者

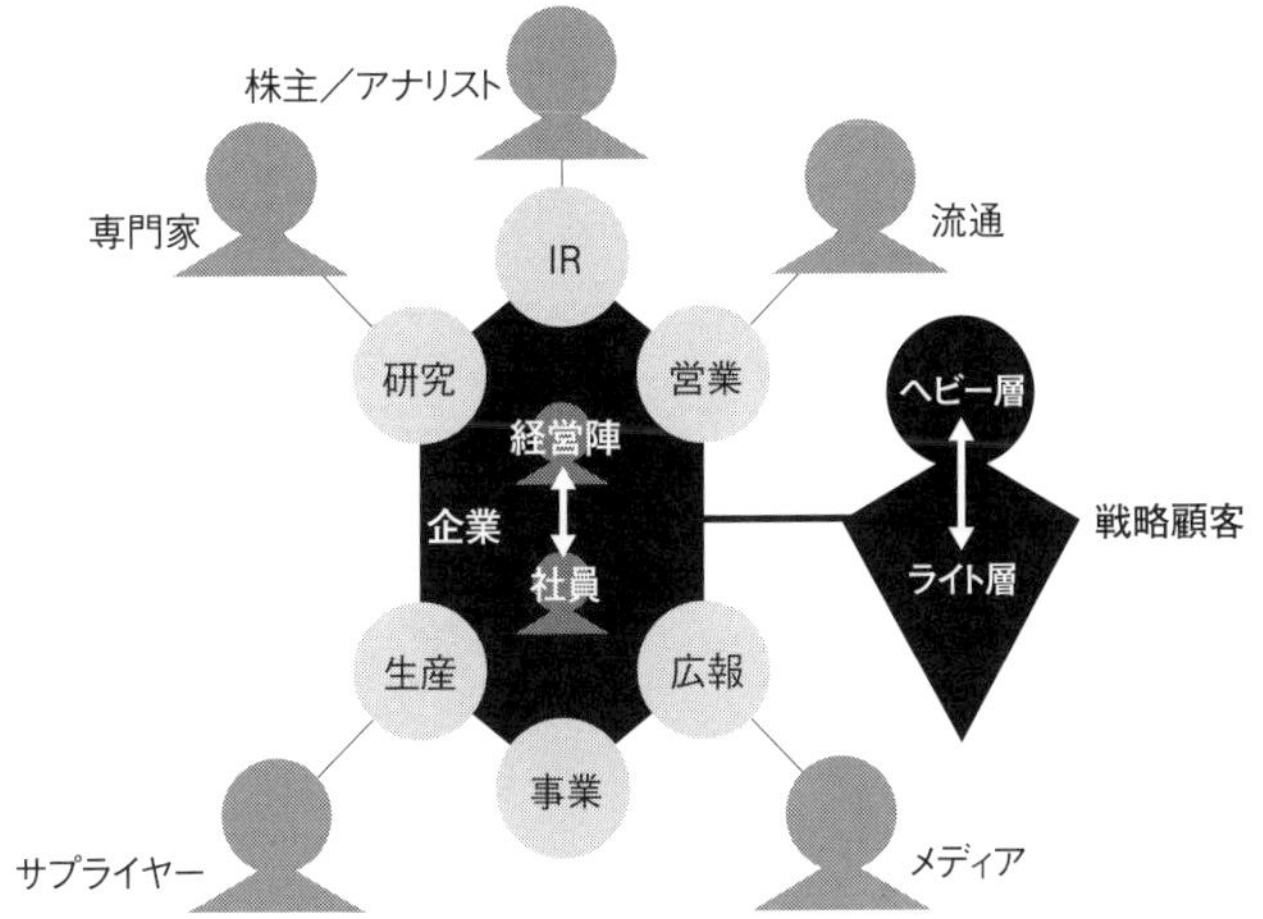

に参考となる知識（企業が学習すべき知識）の源泉となる。コンテクスト探索の対象となるさまざまな関係者を図2-7に示しておく。

　ブランド知識は文書等にまとめられているかもしれないし、暗黙的に個人の心のなかに存在しているかもしれない。それらを探し出す具体的な方法としては、これまで開発されてきたマーケティング調査の手法が大いに活用できる。暗黙的な知識に触れるためには、比喩表現を用いた対話調査やラダリング法などを使った構造化されたインタビュー調査が有効である。(注7)

　探索の現場では、作業を効率化するために対象者へのヒアリング等による一次情報の収集、各種メディアを通じて社会に流されている二次情報の収集、そして消費者の生活情報（生活課題とその解決策への期待など）の収集を分担して行うことも可能である。ブランドに直接的なつながりを持つコンテクストはもちろんのこと、その先にあるコンテクストまで発掘する積極性が求められる。というのも、一見するとブランドに関係なさそうな知識が重要なコンテクストとなることもあるからだ。内容の吟味は次のステップで考え、ここでは可能性を広げておくことが重要である。この作業はやりすぎるということはないので、条件の許す範囲でできるだけしっかりとやっておくとよい。

コンテクストの探索を行う過程で、あるべきところにあるべき知識がないなど、現状の問題点もある程度見えてくるはずである。特に、ブランド・アイデンティティが明確にされていなかったり、戦略顧客が特定されていなかったり、その設定が明らかに誤っていたりといった問題が出てくることも考えられる。そうした問題点を洗い出すことも、このステップでの作業である。

【ステップ❷】コンテクストの構造化

次のステップでは、探索したブランド知識の関係性を明らかにしながら、意味や連想のネットワークとしてそれらをつなげ、構造化していく。ここで初めて、探索ステップで集めてきたさまざまなブランド知識の全体像が可視化されることになる。しかし、この段階ではコンテクストの全体像を整然と構造化することを意識せず、関係性を規定できる知識に限って構造化を進めていくべきである。

具体的な作業は、探索した知識を解釈し、自分なりに意味づけを行いながら意味や連想のネットワークを手作業でつくっていく場合もあるし、知識を電子化された文書に落とし込んだうえで、テキストマイニング・ツールを利用して機械的にネットワークを構築していく場合もある。

最新のテキストマイニング・ツールを活用すれば、ワープロやウェブでやりとりされる電子化された文書のなかからキーワードを拾い出してリストアップしたり、キーワード間の関係性を構文関係や文章中の距離、共想起関係といったもので特定したりすることができる。(注8) こうしたツールを使うと、連想や意味的な関係性に従って、キーワードを結節点とした連想ネットワークが自動的に形成される。もちろん、コンピュータがやることなので、最終的な確認には人間の手作業が必要である。

【ステップ❸】コンテクストの推敲

ここでは、コンテクストに着目した戦略シナリオづくりの具体的な検討作業を行う。その目的は、企業のブランド・アイデンティティから顧客のブランド・イメージに至る道筋を、課題解決的に描き出すことにある。どのブランド知識をどのコミュニケーションでどう使っていくかを判断しながら、無秩序につながるコンテクストを推敲していく。その際、到達点である顧客のブランド・イメージを起点にし、そこからブランド・アイデンティティに逆のぼりながらコンテクストを考えることも効果的である。

具体的作業においては、「それがブランドの抱える課題を解決するか」といった判断基準を持ってコンテクストを推敲することが大切である。課題解決に影響を与えないコンテクストは推敲するだけ時間とコストのムダであるばかりか、有益なブランド知識をかえって見えにくくするおそれがある。有益なコンテクストをつなげていくだけでなく、有害なコンテクストを断ち切り、積極的に排除していくことも必要である。

戦略シナリオづくりは、個別コミュニケーションとコミュニケーション体系という二つのレベルで考える。個別コミュニケーションのレベルでは、メッセージを中心にコンテクストを織り込んだシナリオ構造を持っていることがポイントになる。一方、コミュニケーション体系のレベルでは、あるコミュニケーションが他のコミュニケーションのコンテクストになっている、もしくは他のコミュニケーションをコンテクストとしているといった相互関係に基づくシナジー効果を持ち、体系として凝集性のある一貫したものになっていることがポイントとなる。その際には、メディアや流通などコミュニケーションが行われる場所や方法が、各コミュニケーションの重要な文脈情報になることを考慮し、最適なミックスを心がけるべきである。

【ステップ❹】コンテクストの内部共有

計画プロセスが終わると、いよいよ実行プロセスに入る。実行のマスタープランとなる戦略シナリオを、ブランディングにかかわる人々と共有するのがこのステップである。といっても、戦略シナリオの全体像を関係者すべてに周知徹底させることはあまり現実的ではない。より現実的で効果的なのは、関係者それぞれが持つコンテクストが戦略シナリオのなかに統合されていることを確認することである。

言い換えれば、ブランディングに直接的にかかわる社内関係者とは十分に共有し、社外の関係者に対しては戦略シナリオに協力する興味やインセンティブを与え、それを明確にしておくことが大切だということである。

共有の対象者は社内と社外の両方にいる。一般的に、社内の関係者はブランドおよびプロモーション担当者をはじめ、営業スタッフ、広報担当者、商品開発担当者などであるが、理想的には経営陣や経営企画をはじめ、組織全体で共有されるべきである。一方、社外の関係者は、取引先、株主、メディアなどが含まれる。

【ステップ❺】コンテクストの刺激

このステップは実際のコミュニケーション活動を指す。ここでコミュニケーションは、コンテクストを刺激する作業としてとらえられる。一つひとつのコミュニケーションにおいて、そしてコミュニケーション体系全体として、戦略シナリオで計画されたとおりにコンテクストを刺激していく。

コミュニケーションはテレビＣＭや雑誌広告をはじめ、店頭やスポンサー活動、そして商品の使用など、顧客とのさまざまな接点で行われる。消費者を刺激する典型的な活動としてすぐに思いつくのがマス広告であるが、コンテクストを刺激する作業はそれだけではないというのがコンテクスト・ブランディングの一つの特徴であった。通常、各コミュニケーションには時系列の順序だけでなく、ブランドの課題解決に対する貢献度などによっても優先順位がつけられ、予算配分やスタッフ配置もそれに従って行われる。

【ステップ❻】コンテクストの共創

共創のステップが実行プロセスの締めくくりとなる。コミュニケーションが進み、コンテクストが共有されると、顧客をはじめとするブランドの関係者が自ら知識を創り始めるようになる。顧客を中心に十分に共有されたコンテクストは、一つの場を形成し、そこで新たなコンテクストが生まれる。言い換えれば、コンテクストの自己組織化が始まるのである。(注9)

このステップで企業がすべきことは、計画的にコンテクストをつくることではなく、共創の場に参加し、コンテクストの自己組織化を促進することである。一見、自己増殖的に生まれるコンテクストは、企業のコントロールを離れ望ましいものではないように思える。しかし、そのようなプロセスを経たコンテクストは強固であり、説得力がある。企業は示威的な誘導は避け、あくまで共創が促進するような環境を整えることを目的とすべきである。そのなかで誤った方向にコンテクストがつながっていったり、コミュニケーションに誤解が生じたりしないように注意すればよい。

【ステップ❼】コンテクストの管理

コンテクストの管理がコンテクスト・ブランディングの最終ステップである。先述したとおり、これは維持プロセスであり、刺激されたコンテクストとメッセージが顧客のブランド知識となって新たなコンテクストおよびその創造プロセスのベースとなっているかどうかを追跡し、管理するものである。

効果的な管理を行うためには、顧客の購買行動やブランドに対する態度などを定期的に測定する複数の指標を持つべきである。コンテクストを管理する際には、必要に応じて再びコンテクストの探索に戻り、同様のステップを繰り返すことになる。

新たなサイクルをスタートさせるかどうかを判断するためには、どのコンテクストがどのように活性化したのかを確認することが不可欠である。具体的には、購買行動との関連性についての調査・検証（どのコンテクストが効いたのか、どの顧客層を動かしたのか）、個別コミュニケーションとの関連性の調査・検証（コンテクストがどのコミュニケーションによって形成されたのか）などが示唆を与えてくれる。

また、こうした作業によって、購買行動に影響を与えたコンテクストや個別コミュニケーションの効率性、さらにはコンテクストの拡張につながる可能性のある領域についての洞察が深まり、次のサイクルがより効果的なものになる。

コンテクスト・ブランディングは中長期的な戦略に基づく、ブランド・アイデンティティとブランド・イメージのダイナミックな統合プロセスであり、終わりなく変化し続けるものである。一時点での状態だけを見て評価を下すことは難しく、必要な修正が加えられ精緻化されていく一連のプロセスこそが評価の対象となる。したがって、ある時点でのブランド・イメージの良し悪しを評価するにとどまらず、あるコミュニケーションを行う前の顧客の状況とその後の状況を、比較評価し続ける姿勢が求められる。

【脚注】

（注1）詳しくは『コミュニケーション』（池田謙一著、東京大学出版会、二〇〇〇年）を参照のこと。
（注2）詳しくは『戦略的ブランド・マネジメント』（ケビン・レーン・ケラー著、恩蔵直人・亀井昭宏訳、東急エージェンシー、二〇〇〇年）を参照のこと。
（注3）ブランド知識については「知識創造のケイパビリティ」（阿久津聡、野中郁次郎著、『DIAMONDハーバード・ビジネス・レビュー』二〇〇一年八月号、ダイヤモンド社）に詳しい。また、ブランドに近いマーケティングの課題において文脈について議論している文献として、『文脈創造のマーケティング』（青木貞茂著、日本経済新聞社、一

九九四年）がある。

（注4）形式知と暗黙知の区別については、『暗黙知の次元』（マイケル・ポラニー著、佐藤敬三訳、紀伊國屋書店、一九八〇年）を参照のこと。

（注5）厳密には期待も入りうる。コミュニケーション構造の要素の詳細については、第6章を参照のこと。

（注6）暗黙知と形式知のダイナミックな変換プロセスから、新しい知識が生まれることはすでにモデル化されている。モデルの詳細については『知識創造企業』（野中郁次郎、竹内弘高著、梅本勝博訳、東洋経済新報社、一九九六年）を参照のこと。

（注7）たとえばラダリング法については、「ラダリング法によるブランド調査」（丸岡吉人著、『最新ブランド・マネジメント体系』青木幸弘、小川孔輔、亀井昭宏、田中洋編著、日経広告研究所、一九九七年、所収）などを参考のこと。

（注8）コンテクスト・ブランディングでは、できるだけ多くのブランド知識を構造化することが求められるため、大量のテキスト処理を効率的に行えるテキストマイニング・ツールの活用はきわめて効果的である。その主な特徴は、①知識の構造化が図れる（概念間の関係性を数値化できる）、②大量のデータを処理できる（結果が安定することから信頼性が高まる）、③再現性が高い（これはツールによって大きく異なる）、④処理スピードが速い、の四点にまとめられる。

　ただし、現時点ではブランディング用に開発されたものはないようなので、コンテクスト・ブランディングという特定の用途に合わせて開発・改良することが必要になる。テキストマイニングの応用の可能性については『文学を科学する』（井口時男、往住彰文、岩山真著、朝倉書店、一九九六年）、特に広告への応用可能性については「認知科学に基づく広告マネジメントフレーム開発に向けて」（加藤雄一郎、金井明人、往住彰文著、『マーケティング・ジャーナル』二〇〇一年第八〇号）に詳しい。

（注9）コンテクストの自己組織化については、「意図を求めて：オートポエティック・システムとしての組織学習」（平野雅章、大薗恵美、石田茂、堀川勇司、青山修二著、Strategic Management Conference October 1999 Proceedings, Strategic Management Society）を参照のこと。

第3章

アセロラドリンクに見る
コンテクスト・ブランディングの実際

Case Study

前章では、コンテクスト・ブランディングの考え方と枠組み、およびマネジメントのステップについて説明した。その理解をさらに深めるために、ここでは実際のケースをステップに沿って説明する。事例として取り上げるのは、コンテクスト・ブランディングを使って成功を収めているブランドのなかでも、一般に馴染みの深いニチレイの〈アセロラドリンク〉である。

アセロラドリンクを取り上げた理由は、コンテクスト・ブランディングの理論と実践を三年に及ぶ継続的キャンペーンを中心に展開したものであり、その結果として顧客の購買行動を変え、ロングセラー商品の再活性化に結びついたケースだからである。

1　コンテクスト・ブランディング導入の背景

ニチレイのアセロラドリンクがコンテクスト・ブランディングを導入したのは、一九九九年である。当時、アセロラドリンクは発売から一三年を経過していたが、なおロングセラーを続けていた。新商品が次々と投入され、商品のライフサイクルが短いソフトドリンク市場において、一〇年を超えて売れ続けるというのはきわめて異例なことである。

アセロラドリンクの誕生

アセロラドリンクは、果物のアセロラを原料にした飲料である。アセロラの果実にはビタミンCをはじめ体に良い成分が多く含まれているにもかかわらず、日本国内での流通はほとんどなく、消費者には馴染みが薄かった。というより、多くの人がアセロラドリンクを通じて、アセロラという果物があることを初めて知ったのではないだろうか。その意味では、ニチレイはアセロラを日本に広めた先駆者といえよう。

ニチレイがアセロラに出合ったのは一九八二年、アセロラドリンクの発売から逆のぼること四年前である。その前年、同社は一般消費者市場を対象にした新規事業開発に乗り出していた。周知のとおり、ニチレイは冷凍食品メーカーとしては業界のトップだが、商品の大半が業務用であるため、当時は一般消費者市場におけるブランドの認知度が低く、企業イメージも地味だった。それを払拭し、ブランド・ロイヤルティ（ブランドに対する顧客の思い入れと愛着の程度）を高めるには、インパクトのある新商品を投入する必要があったのだ。

「エンドユーザーにニチレイブランドの付いた嗜好商品を届ける」を合言葉にプロジェクトがスタートし、新規事業開発を担当する部署には、海外事業部から世界の珍しいフルーツや食材が届けられた。そのなかでひときわ目を引いたのが、ブラジルから届いたルビー色のアセロラであった。

送ってきたブラジルの担当者に話を聞くと、その果実にはビタミンCが豊富に含まれており、ブラジルでは大人から子供まで、健康維持のために日常的に食べているという。開発部ではこの小さな果実に新規事業の未来を賭けることにした。それから四年間、商品化に向けてさまざまな試行錯誤が重ねられ、ついに誕生したのがアセロラドリンクである。

同社では当初からブラジルに工場を建設し、アセロラの品質を一括管理してきた。また、現地に農産研究所を設立し、アセロラの品種改良を図るとともに栽培農家の指導・育成に力を入れてきた。そうした努力の積み重ねが、アセロラドリンクのロングセラーを支えてきたといってもよいだろう。

ソフトドリンク市場の特性

アセロラドリンクが参入しているソフトドリンク市場は、毎年一〇〇近くの新商品が参入し、その大半が消えていくという、入れ替わりの激しい熾烈な競争市場である。そのため各メーカーは商品の知名度向上に躍起となっており、大量の広告とセールス・プロモーションを投入した新商品キャンペーンが日常的に繰り広げられている。ヒット商品といえども安定した地位を確保することは難しく、一般的に商品ライフサイクルが短いという特徴を持っている。

新規参入の多さは流通段階でも過酷な競争を引き起こす。いまや日本では、ソフトドリンクの命運を握るのはコンビニエンス・ストアである。数千店舗のネットワークを持つ大手コンビニチェーンは、毎週の販売データを中央集計し、売れ行きの落ちた商品を棚から外し、売れる商品と入れ替えている。そしてコンビニの品揃えがスーパーなど大手量販店の売場にも影響する。したがって、安定的な売上げを維持できない商品は市場から閉め出されてしまうことになる。

ましてや、ニチレイのアセロラドリンクのような、大手飲料メーカーとしての企業ブランド力がなく、独自のベンダーも持たない商品には、この市場圧力がさらに重くのしかかってくる。少しでも売れ行きが鈍れば、すぐに売場から外されてしまうのである。

この市場が持つもう一つの特徴は、顧客の購買行動が非常に不安定なことである。次から次へと発売される新商品とメディアを多用した広告キャンペーンに、顧客の心も移ろいやすくなる。一度は購買習慣がついた商品ですら、よほどの特徴がない限り、何かの拍子に簡単に競合ブランドにスイッチされてしまうことが多い。それだけ個々のブランドに関して顧客の持つイメージが脆弱であり、ロイヤルユーザーが育ちにくい商品カテゴリーなのである。

アセロラドリンクが抱えていた課題

このような厳しい市場環境のなかで、アセロラドリンクは次のような課題を抱えていた。

九九年当時、アセロラドリンクは商品ライフサイクルで言う成熟期後期に入っており、売上げが緩やかに減少していた。その状態を放置すればロングセラーを続けてきたアセロラドリンクといえども、市場の厳しい風を受けかねない。それを未然に防ぐために、成熟期に入ったブランドをいかに再活性させて、より強固なブランドにするか——これがアセロラドリンクが抱える最大の課題であった。

そのためには、顧客構造を変えなければならない。アセロラドリンクはロングセラー商品ではあったが、安定的な収益源となるヘビーユーザー、ミドルユーザーが少なく、顧客の定着度合いが小さかったのだ。気紛れで競合にスイッチしやすいライトユーザーを多く抱えていれば、ブランド・コミュニケーションの効率も悪くなり、競合の新商品に地位を奪われるリスクも大きくなる。アセロラドリンクにとって、ヘビー、ミドルのユーザーを獲得することが必要であった。

また、日本の消費者は食品の機能性に対する関心が高く、知識も豊富に持っている。そのため、味覚のみならず、機能性も重視する傾向にある。とりわけ最近では、機能性をいかに魅力的に伝えられるかが競合との差別化のポイントとなる。もしアセロラドリンクがその点で明確な訴求点を持っていなければ、今後さらに厳しい競争を強いられることになると思われた。

図3-1◉コンテクスト・ブランディングのプロセスモデル（アセロラドリンクの場合）

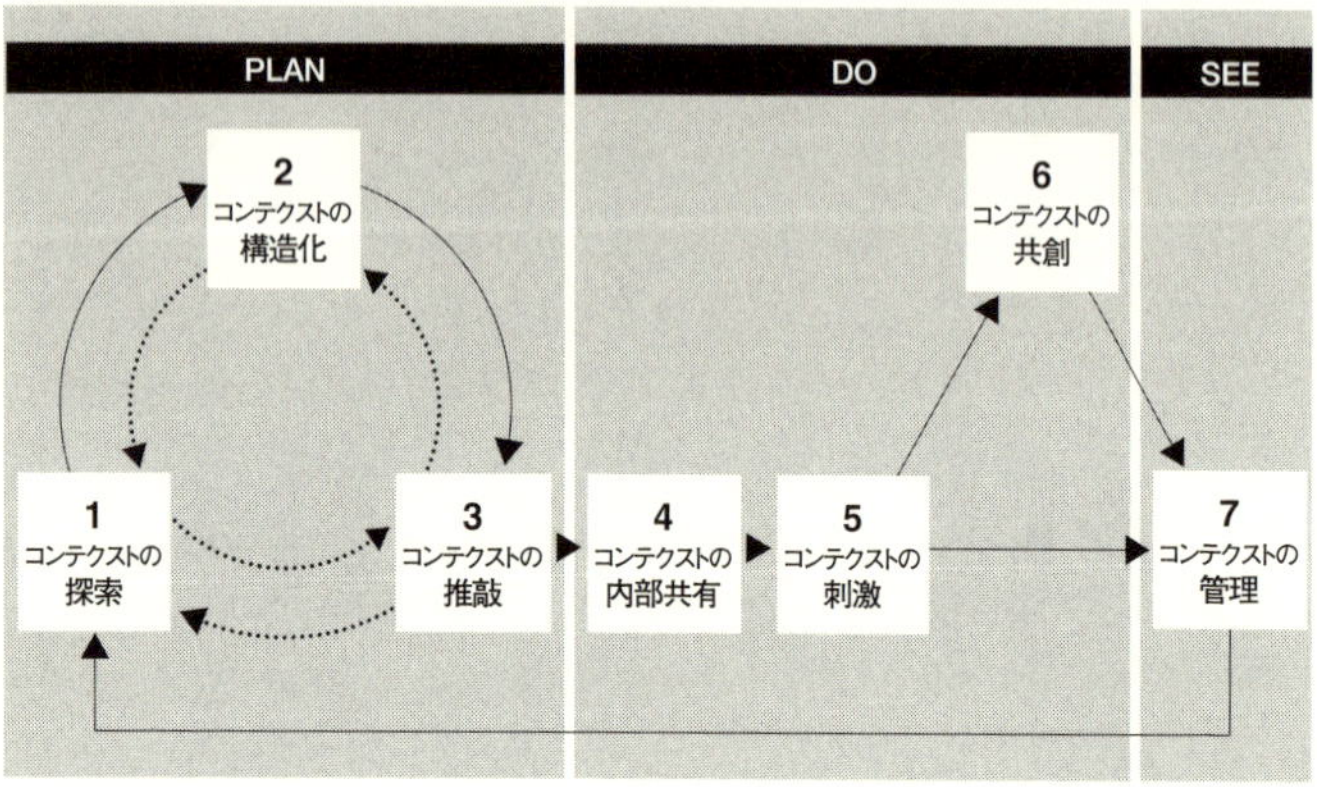

一方、コミュニケーション活動においても課題があった。競争が激しく、競合が大量の広告・プロモーションを仕掛けてくるソフトドリンク市場にあって、アセロラドリンクも積極的な活動を行ってはいた。しかし、その内容・方法に統合性と一貫性を欠いていたのである。

たとえば、毎年のプロモーション内容やメッセージの連続性が弱いため、一過性の刺激にしかなっていなかった。また、メディアの選択やコミュニケーションのタイミングの決定など、コンタクトポイント（顧客接点）の統合が十分になされていなかったため、顧客にばらばらのメッセージが伝わっていた。これでは顧客のブランド・イメージが拡散してしまっても仕方がない。この点を改善し、一切の無駄を省いたコミュニケーション活動に転換する必要があった。

こうした課題を解決し、ダウントレンドにあった売上げをアップトレンドに変えるために、コンテクスト・ブランディングが導入されたのである。次節では、第2章で紹介したプロセスモデルをベースに、アセロラドリンクにおけるコンテクスト・ブランディングの実践事例を紹介する。アセロラドリンクの場合は、七つのステップを図3－1のように進めた。図で全体の流れを確認しながら、各ステップの内容を読み進めてほしい。

2 コンテクスト・ブランディングの実践

【ステップ❶】コンテクストの探索

第2章で述べたように、コンテクストとなるブランド知識が主に所在しているのは、企業と顧客、そして社外の関係者（コンテクスト提供者）である。アセロラドリンクについてのコンテクスト探索も、これら三つの対象を中心に、だれが、どのようなブランド知識を、どのように保有しているかを丹念に調べることから始められた。

企業のコンテクスト

まず、ニチレイ社内にあるブランド知識の調査が行われた。具体的には、ブランドのフィロソフィーは何か、ブランド・アイデンティティは明文化されているのか、アセロラドリンクは社員にどのように理解されているのか、ブランド担当者はどのような職務・職権を持っているのか、どのようなブランド経験が共有されているのか、ブランド名やロゴマーク、パッケージの色・スタイルといったブランド要素はどのように管理されているのかなどといった基本的な項目を、一つひとつ確認していく作業を行った。

ニチレイでは、ブランドを前面に打ち出したプロモーションを推進するのは事業部門の役割だったが、有用なブランド知識が組織の他部門にも保有されている可能性が高かった。実際、調査をしてみると、営業部門、生産部門、研究部門など、組織のいたるところでアセロラドリンクについてのブランド知識が豊富に得られた。

経営トップへのインタビュー調査からは、次のことがわかった。まず、アセロラドリンクは一般消費者との重要な接点であり、ニチレイのブランド・パーソナリティを形成するうえでも重要な役割を果たすとの認識を持っていた。そして、アセロラドリンクを通じて良質のビタミンCを提供し、人々の健やかな生活に貢献することがニチレイの使命であると考えていた。これはブランドのフィロソフィーとなる重要なコンテクストである。トップのこうした認識がコンテクスト・ブランディングのプロジェクト推進の原動力となり、成功につながったといってもよいだろう。

営業部門からは、流通現場におけるアセロラドリンクの位置づけが明らかにされた。すなわち、ソフトドリンク市場はマーケティングのスピードと独特のオペレーション・ノウハウが求められる、非常に厳しいカテゴリーである。そのなかでソフトドリンク専業ではないニチレイが生き残っていくためには、アセロラドリンクだけが提供できる強いベネフィットを打ち出さなければならない。従来の「ビタミンCが豊富」といったメッセージにとどまるのではなく、新しい視点でのメッセージを開発する必要があった。

また、生産部門からは、ニチレイは生鮮食品の冷蔵管理について独自の技術を有しており、それがアセロラのビタミンCを壊すことなくソフトドリンクに加工する技術につながったこと、そしてアセロラドリンクの生産プロセスには、ほかにもさまざまな独自技術が活かされていることなどの知識が得られた。さらに研究所には、アセロラの成分やアセロラに含まれているビタミンCの特性等の情報が豊富に蓄積されていた。

このほか、アセロラドリンクの商品属性や経営陣の考え方などについても調査され、ブランド知識のおおよその所在と内容がつかめた。こうした探索作業から、重要だと思われるコンテクストが少なからず発見できたのである。

同時に、問題点も明らかになった。すなわち、ニチレイ社内にはユニークなブランド知識が数多く散在してはいたが、それぞれの知識が有機的に結びついていなかったのである。また、それぞれの立場によってアセロラドリンクに対する認識・評価と目的・目標が異なっていた。コンテクスト・ブランディングを展開していくためには、まずは社内でブランド知識を共有し、ブランドに対する共通の理解を深め、目標を設定して各部門の役割分担を明確にすることが必要であった。

顧客のコンテクスト

社内のコンテクスト探索と並行して、顧客のコンテクストも調査された。そもそもブランドを知らない顧客にはそのイメージが湧かないという理由から、どれだけの人にブランドが知られているかというブランド知名率（ブランド認知率とも言われる）が最初に調べられた。結果は、アセロラドリンクはロングセラー・ブランドだったこともあり、一般消費者を対象としたブランド知名率は九〇％を超えていた。これは競合ブランドと比べても、けっして見劣りしない数字である。だが、ブランド知名率の高さがブランド・ロイヤルティに結びついていない点に問題があった。

図3－2はアセロラドリンクの販売推移とブランド知名率の関係を見たものである。導入期と成長期ではブランド知名率と販売数に相関関係が見られるが、成熟期になるとそれが崩れ出す。つまり、知名率が上昇もしくは維持されている状態にあっても、販売数量は落ちていくのである。これは、「知ってはいるが、欲しいと思わない」という顧客が増えていることを示している。顧客の「欲しい」につなげるには、ブランドから派生する連想

図3-2◉アセロラドリンクの販売推移とブランド知名率

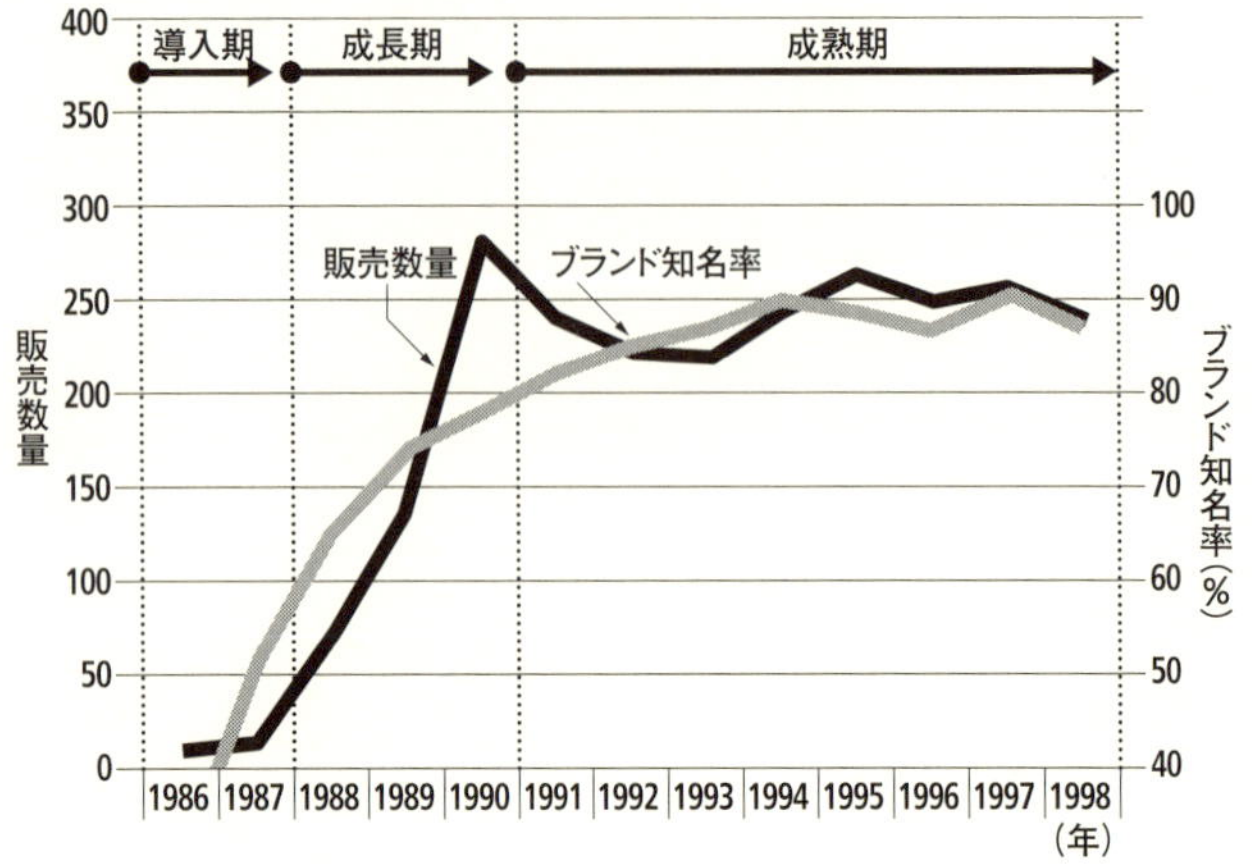

データ：㈱ニチレイ

（ブランド連想）の質を向上させ、理想のブランド・イメージを顧客に持ってもらう必要があった。

一般的に、知名度の高いブランドはブランド連想の量も比較的多いと考えられる。これだけブランド知名率の高いアセロラドリンクであれば、同様にブランド連想の量もそれほど少なくないであろうと想定できた。そこで、ブランド連想の質に何らかの問題があって購買行動に結びつかないのではないかとの仮説を持って、顧客のブランド連想が調べられた。

図3-3は、その調査結果の一部を示したものである。「アセロラ」からの連想では、第一想起が「ビタミンC」

図3-3◉顧客のブランド連想（コンテクスト・ブランディング導入以前）

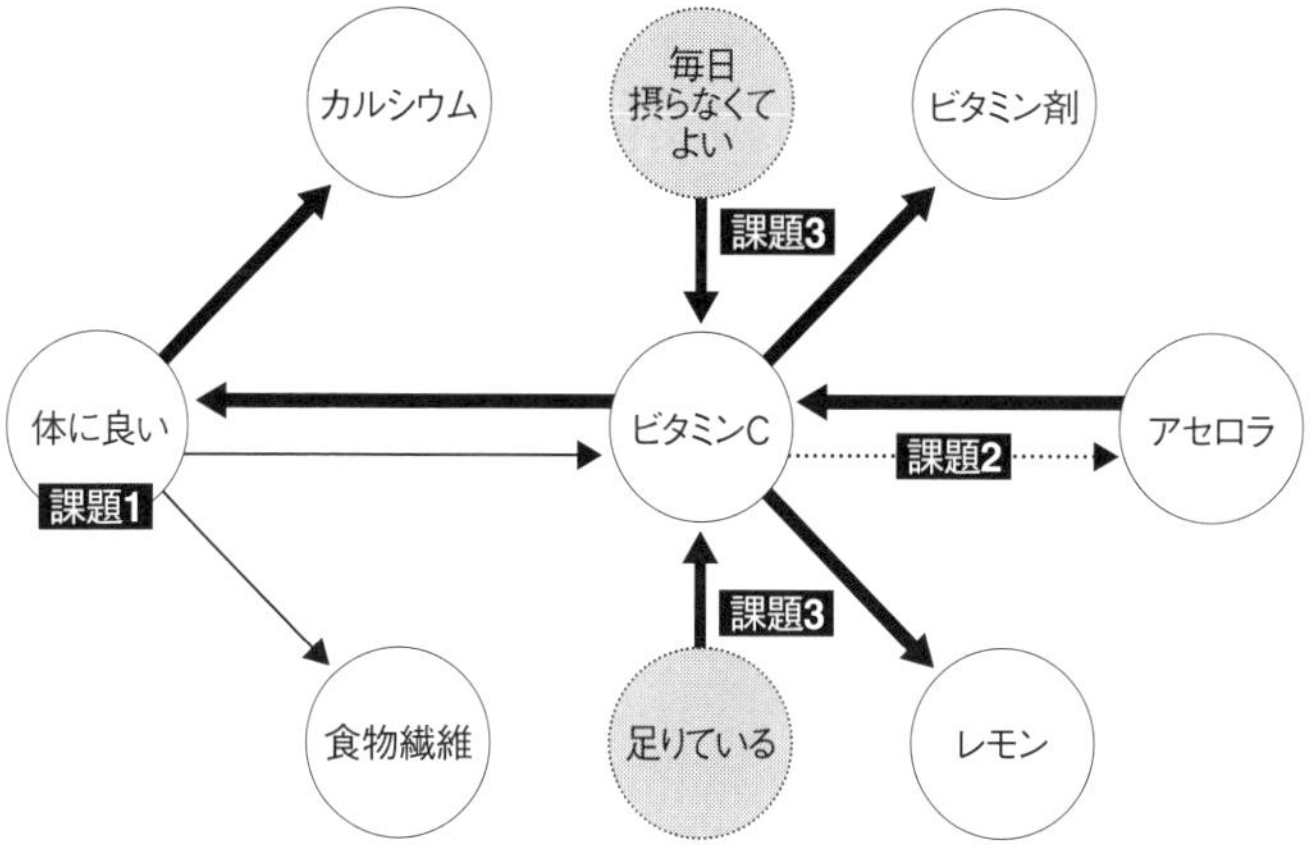

であり、そこから「体に良い」という連想に結びついた。これは、アセロラにはビタミンCが多く含まれていることを、顧客が知識として持っていることを示している。しかし、この連想の逆方向は成立しなかった。すなわち、「体に良いものを摂りたい」という顧客の期待から連想をスタートさせると、第一想起は「カルシウム」になり、ビタミンCは二番目に想起された〈課題1〉。

さらに、ビタミンCの摂取方法について連想を調べると、第一想起は「ビタミン剤」と「レモン」という結果になってしまい、「アセロラ」には到達していなかったのである〈課題2〉。

また、ビタミンCの摂取方法や摂取量についての知識から、「ビタミンCは排泄されやすい」「排泄されやすいから毎日摂ってもムダだ」だから「毎日摂らなくてよい」といったコンテクストと、「ビタミンCの必要摂取量は摂れている」だから「足りている」といったコンテクストが形成されていた。これらのコンテクストによって、顧客は、積極的にビタミンCを摂ろうとしなくなる可能性が高かったのである〈課題3〉。

一方、別の調査からは、ビタミンCに対する知識として、多くの人が「肌のトラブル」を解決するのに役立つと考えていることがわかった。そして、「肌のトラブル」に関する悩みを抱えている人たちは、現状では化粧品や医薬品に頼っているが、もっと気軽に、安価に解決したいという期待を持っていることもわかった。それも、サプリメントなどの人工物質ではなく、自然原料の商品を求めている人が多かったのである。

社外関係者のコンテクスト

社外のコンテクスト探索では、社内からはあまり得られなかった領域のブランド知識を補完する目的から、医学・医療関係の専門家、メディア関係者、アセロラ生産者等を中心に調査を行った。

医学・医療関係の専門家からは、「肌」「ストレス」「ビタミンC」についての、先端的で正確な知識を収集した。また、生活における潜在的な課題を発見するため、ＯＬが気にしている「おとなのニキビ」に関する知識、シミやソバカスの原因となる紫外線に関する知識を医療の現場から収集した。

メディア関係者に対しては、「情報環境形成」を目的としたコミュニケーションを行うことを念頭に置き、①メディア関係者の興味がどこにあるのか、②コンテクストの共有がどの範囲で行えるのか、③コンテクスト創造に役立つビッグアイデアはないか、という観点で調査を行った。①と②は協力者としての接点を探ることが目的であるが、③はメディア関係者が生活課題にかかわる知識を豊富に持ち、常にコンテクストの編集を行っていることから、何らかのヒントを発掘することが狙いであった。そして実際に、「ビタミンCについては新しいテーマがあまりない」「肌の話題は尽きない」「アセロラのユニークな点は？」といったヒントがいくつも得られた。

顧客に生き生きとしたコンテクストを伝えるには、生活に根差したコンテクストをいかに持ち込めるかがポイントとなる。生活のなかから生まれた知恵は非常に魅力的で説得力がある。そこで、生活情報の探索を行うために生産国と生産者を中心に、アセロラがどのように生活に根づいているのかを調査した。アセロラの生産国であるブラジルでは、裏庭にアセロラの木を植えている家が多く、子供たちはその果実をもぎ取って食べていた。また、街角にはジュースタンドがいくつもあり、アセロラジュースが売られていた。さらに、ブラジルはサッカー大国だが、プロチームのなかにはフィジカル・ケアのためにアセロラをスポーツドリンクにしているところもあった。つまり、ブラジルではアセロラが人々の生活にしっかり組み込まれていたのである。そこからはいくつものブランド知識が得られた。

ブラジルで得たブランド知識をモデルに日本国内を探索すると、日本のプロサッカーチームにも選手の疲労回復にアセロラを用いているところがあること、また、少数ながら沖縄にもアセロラの生産農家があり、収穫された果実は現地のホテルで特産品として出され、女性観光客に人気となっていることなど、豊かなブランド知識が得られた。

コンテクスト探索の成果には目覚ましいものがあった。当初は、ロングセラー商品だけに、ブランド知識はほぼ出し尽くされていると思われていたが、社外にも対象を広げたことで予想外のブランド知識が数多く発掘されたのである。こうして探し出されたブランド知識は、以下に述べる手順で構造化され、推敲されていったわけだが、そのプロセスにおいても必要に応じて新たなブランド知識を探索する作業が行われた。

コンテクスト探索は時間と労力のかかる作業だが、これを通じてブランド担当者は豊富なブランド経験を持つことができた。ブラジルの広大な農地で太陽の光を燦々と浴びながら育つアセロラの木、その果実を一つひとつ丹念に手摘みする農家の人たち、工場に届けられた果実をすぐに冷凍する作業員、それを直接目にし、話を聞くことで、南国のフルーツが神の恵みであることを実感した。ブラジル人の陽気な性格、ゆっくりと流れる時間、抜けるような空の青さ、そして農民たちが口ずさむサンバのリズム、それらのすべてがアセロラを育てているのだ。

ブランド担当者のこうした経験は暗黙知となり、ブランド・アイデンティティの規定やコンテクストの創造、コミュニケーション戦略に投影されていったのである。

【ステップ❷】コンテクストの構造化

次のステップでは、さまざまな視点から集められたブランド知識をテキストマイニング・ツールを使って解析し、コンテクストの構造化を試みた。この作業はすべてのブランド知識について試行錯誤的に行われた。

ここでは顧客のブランド知識のなかでも特に重要な、ビタミンCに関するコンテクストを例に挙げながら説明しよう。

アセロラドリンクのブランド・イメージにおいて重要な位置を占めているであろうと思

われるビタミンCに対して、顧客がどのような知識を持っているのかを調査し、それを解析した結果が図３－４である（これは「ベクストマイナー電通版」というコマツソフトと電通が共同開発したソフトウエアを使って解析した。図中の線の太さはブランド連想の強さを示している）。

この図を見ると、顧客の知識のなかでは、ビタミンCが「肌に良い」「カゼに効く」「壊血病の予防に役立つ」といったコンテクストができているのがよくわかる。また、ビタミンCの摂取方法については、「野菜」「レモン」「フルーツ」「ビタミン剤」などに連想が行くが、アセロラの名前は出てこない。前述したとおり、「アセロラ→ビタミンC」という連想はできあがっていても、ビタミンCからアセロラにつながるコンテクストがなかったのである。

さらに、ビタミンCの特性に関する連想としては、「水溶性」「熱に弱い」等があることもわかった。

これらの解析結果が示唆するのは、こういうことだ。すなわち、顧客はアセロラドリンクにはビタミンCが多く含まれているから体に良い、ということは知っている。しかし、体に良い飲料を飲みたいと思ったときにまず思い浮かべるのは、カルシウムが豊富な牛乳や乳飲料である。また、ビタミンCを摂りたいと思ったときには、ビタミン剤やレモン、野菜ジュースなどから摂取する。したがって、「体に良い」という連想からではアセロラド

図3-4◉顧客のブランド知識（ビタミンCの知識）

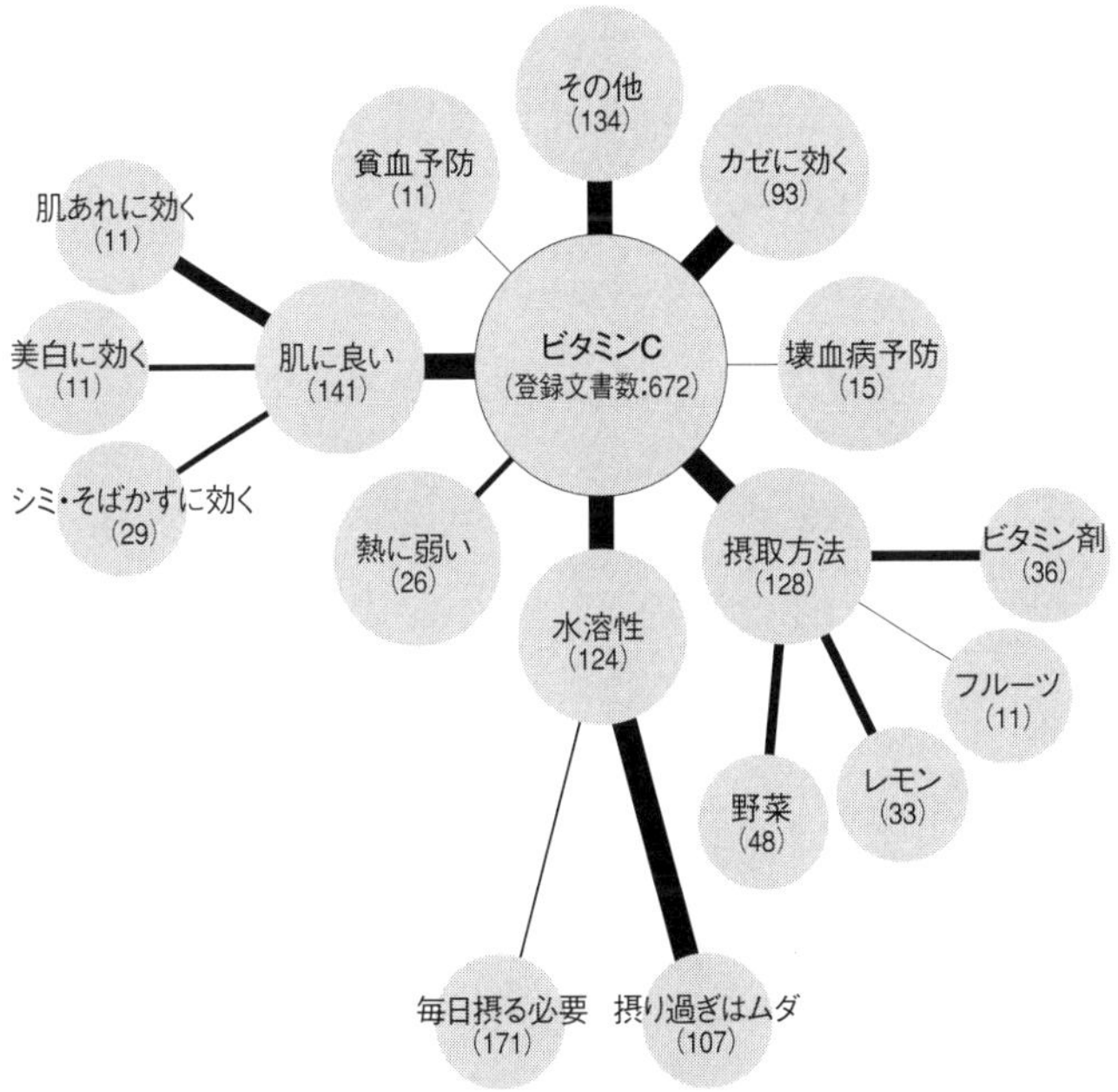

出典:㈱電通「ベクストマイナー電通版」

リンクにたどりつかない。

この問題を解決してアセロラドリンクと顧客を結びつけるために、顧客の期待を思いきって絞った。顧客の間で課題意識の強い「肌に良い」にフォーカスしたのである。もともとビタミンCには「肌に良い」との連想があるので、成功する可能性は高い。そこで、「肌に良い」からアセロラへつなげるコンテクストを構築することにしたのである。

【ステップ❸】コンテクストの推敲

ブランド知識の収集・分析を行い、コンテクストの構造化を終えたら、次には、個別コミュニケーションとコミュニケーション体系の視点でコンテクストを選別し、推敲していく。その際の判断基準は、それが顧客の期待に応え、かつブランドの抱える課題を解決するか否かである。

つまり、どのようなコンテクストをどうつなげていけば、企業のブランド・アイデンティティから顧客の理想的なブランド・イメージに至る道筋がつくれるかを考えるのである。ただし、ベースとなるのは顧客のブランド知識である。最終的なゴールが顧客のブランド・イメージにある以上、それを起点にして企業側のブランド知識と社外のブランド知識を配置し、コンテクストをつくっていかなければならない。

その作業に先立って、どのようなブランド・アイデンティティをブランディングの軸にするかを明確にする必要がある。アセロラドリンクの場合は、次のようにブランド・アイデンティティを規定した。

【企業フィロソフィー「ニチレイ」】

・ニチレイは、食を通じておいしさと健康を届けることで人々の豊かな生活に貢献したい（ミッション）

・良い素材を良い状態でお客様に届けたい（価値観）

・ニチレイの素材を厳選する眼と、冷凍および加工技術でそれを実現する（ビジョン）

【ブランドのフィロソフィー「アセロラドリンク」】

・アセロラの天然ビタミンCを毎日手軽に摂ってもらいたい（ミッション）

・アセロラという貴重な果実を、遠く離れた日本の人々に、なるべく良い状態で届けたい（価値観）

・良い素材を得るために、生産地に拠点を持ち、苗木の改良、栽培・収穫方法の開発などをニチレイ自らが行う（ビジョン）

・天然ビタミンCと独特の風味をできるだけ壊さないようにするために、収穫した果実は数時間で冷凍し、そのまま日本まで運び、劣化を抑えた加工を行う（ビジョン）

【属性】

・鮮やかなルビー色のカワイイ果実
・南国の香りのする、健康的な甘酸っぱい味
・果物・野菜のなかで最も豊富な天然ビタミンC含有量（レモンの三四倍）
・ベータカロチンやポリフェノールなど他の健康成分も豊富に含む
・南国の太陽をいっぱい浴びて、陽気なブラジリアンに栽培された果実
・鮮度を維持するのが難しく、生鮮ものが手に入りにくい希少な果実

【ベネフィット】

〈機能〉
・ビタミンCを天然ビタミンCから摂ることができる
・ビタミンCを高いレベルで体内に保持することができる（KeepC）
・肌の調子が良くなる
・ビタミンC以外にも健康成分が豊富で体に良い
・後味がさっぱりする

〈情緒〉

・天然ビタミンCなので安心して飲める

・美しくなれそうな気がする（美容）

・生命力のある生き生きとした感じがする（健康）

〈自己表現〉

・前向きな自分になれる

・ちょっと知的な自分がそこにいる

【ブランド・パーソナリティ】

・派手ではないが、内に秘めた能力（有能な）の高さを感じる。上品（センスが良い）なのに一方で親しみ（楽しい）を感じるバランスの良さがある

・全体から生き生きとした力を感じるが、それは普段のパワフルな行動力から伝わってくるものなのだろう

【競合との差別化ポイント】

・天然のビタミンCを提供するため、生産・加工・販売で一貫してビタミンCの保持に尽力している

・日本にアセロラを紹介したのはアセロラドリンク

・アセロラ関連の知識は他社より圧倒的にニチレイにある

同時に、コンテクストの起点となる戦略顧客（メインターゲット顧客）を設定した。

戦略顧客の設定方法には、主に三つの考え方がある。一つは、購買行動を最も変えたい顧客層を戦略顧客に設定するケース。もう一つは、最も目標のブランド・イメージに変更しやすい（コンテクストの創造・強化がしやすい）層を戦略顧客に設定するケース。さらに、企業側がこういう顧客に利用してほしい（理想の顧客）と考える層を戦略顧客に設定するケースである。アセロラの場合は二番目の考え方で、顧客のコンテクストを中心に考えて戦略顧客を設定した。流出・流入の激しいブランドであるため、購買行動が安定しそうな層を割り出すことが難しかったためである。

具体的には「肌のトラブルを生活課題として持っている層」を戦略顧客に設定した。それには二つの顧客層がある。一つは二五〜三〇歳のＯＬ層で、彼女たちは年齢的な肌の変化に加え、不規則な生活習慣から来る「肌のトラブル」を抱えており、気軽に摂取できる飲料にその解決を期待している。もう一つは、二〜三歳の子供を持つ三〇代の主婦層である。こちらは毎日子供を連れて公園等へ出かける機会があり、紫外線による「肌のトラブル」を気にかけている。また、家計に敏感で、少しでも安い飲料にその解決を期待する可能性が高いからである。

ただし、この時点で戦略顧客を決めたのは、あくまで顧客のコンテクストを把握するための調査対象を絞り込むことが目的であり、調査の結果いかんによっては戦略顧客が修正されることもある。

こうしてコンテクストの推敲作業に入った。目標は、コンテクストの構造化から導き出された課題を解決することである。

アセロラドリンクの場合は、アセロラにとって重要であるビタミンCからのコンテクストに課題を抱えていた。さらに「アセロラは肌に良い」（美肌）というコンテクストはあるものの、「肌に良いのは（美肌には）アセロラ」と逆方向のコンテクストが弱いこともわかった。そこで「美肌↓ビタミンC↓アセロラ」というコンテクストをつくるために、「美肌」と「ビタミンC」をつなぐ途中に「メラニン抑制」と「コラーゲン生成」という二つの知識を埋め込んでコンテクストをつくった。

しかし、これではまだビタミンCとアセロラの結びつきが弱く、強力なコンテクストとはなりにくい。そこで、この間に「Ｋｅｅｐ Ｃ」（ビタミンCを維持しよう）という知識を埋め込むように構成した。あまり知られていないが、ビタミンCは壊れやすく、またすぐ体外に排出されるため、多くの人が不足ぎみである。美肌や健康につなげるためには、毎

図3-5◉3課題の解決手段

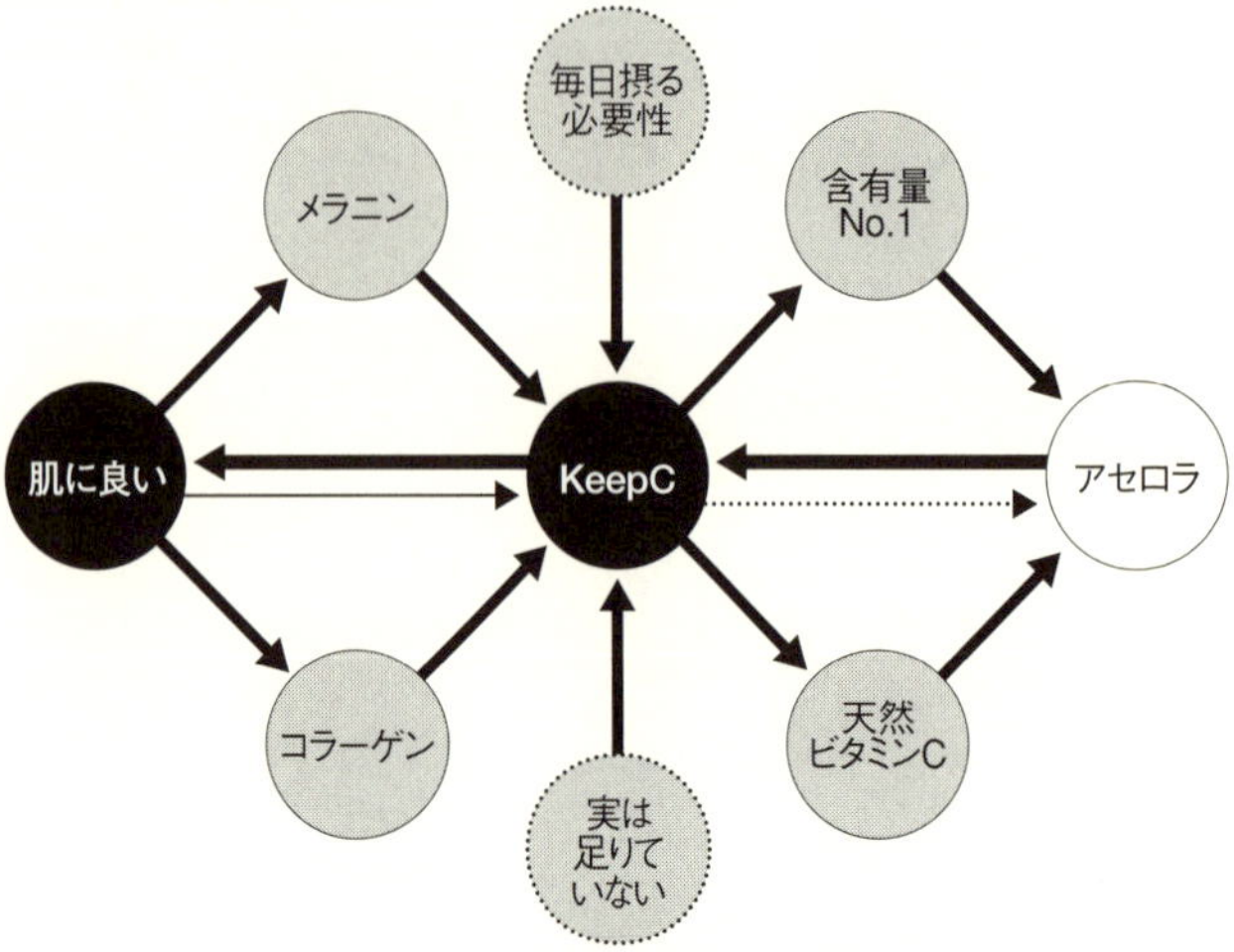

日摂取することが大切なのである。そこで、「足りている」「排出されやすいから摂ってもムダ」「だから摂らない」と思われているところに、「実は足りていない」「（排出されやすいからこそ）毎日摂る必要がある」「ビタミンCを摂りましょう」という知識を入れることで顧客のビタミンCに対するコンテクストを活性化する。そして、その概念をコンテクストに組み込むために「ビタミンC」を「ＫｅｅｐＣ」に変更してコンテクストをつないだ（図3－5）。

一方、「ビタミンCを摂取し続ける」ことと「アセロラ」をつなぐために、社内の研究部門や外部の専門家から得

図3-6◉戦略シナリオ（マスタープラン）

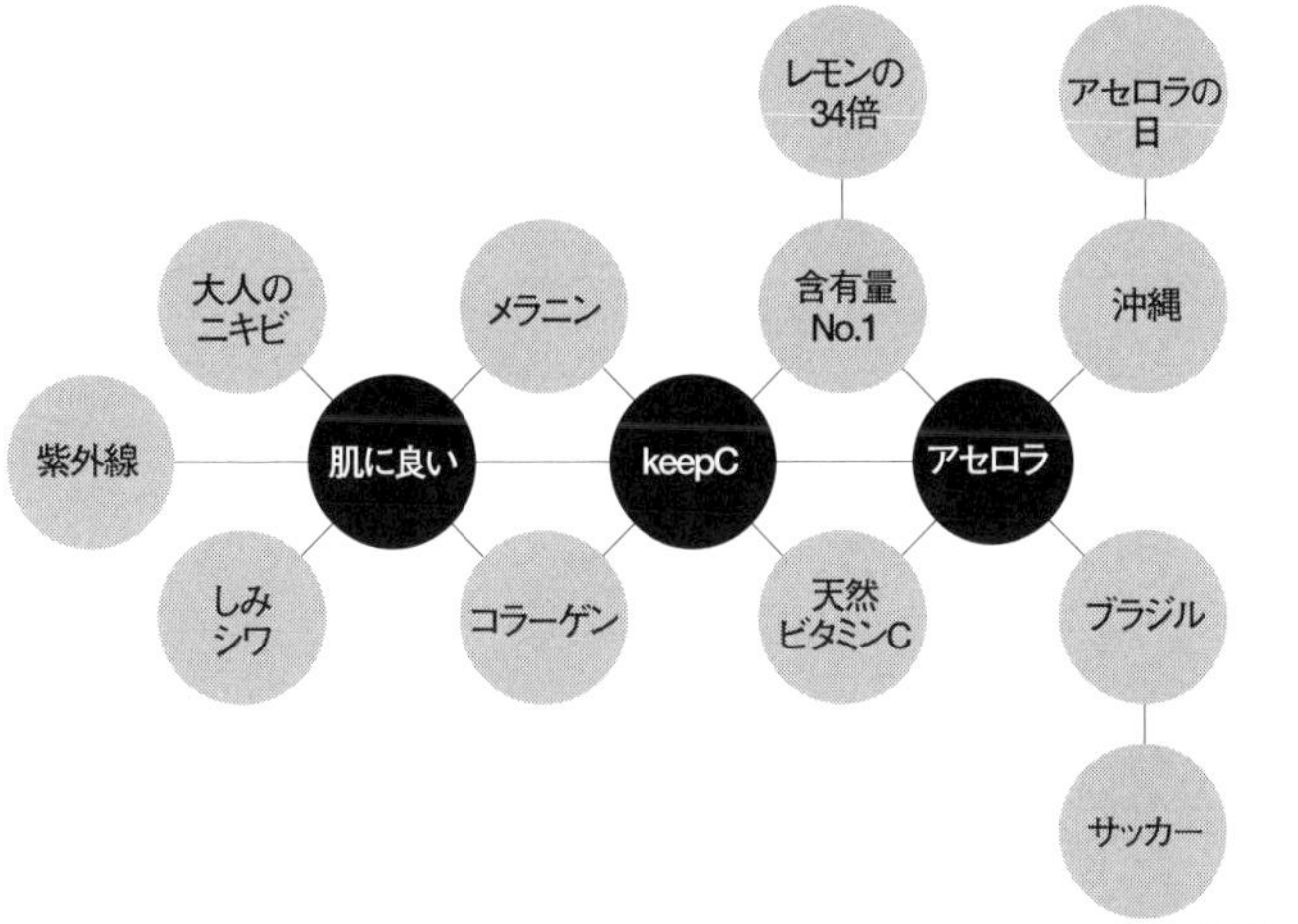

出典：㈱電通

られた「ビタミンC含有量ナンバーワン」という知識で補強した。天然ビタミンCであることを強調することによって、続けて摂取するうえでの安心感を醸成し、他の機能性飲料と差別化することを狙ったのである。

さらに、アセロラに関するコンテクストを強くする目的で、「含有量ナンバーワン」については「レモンの三四倍」という知識をつなぎ、生活情報の探索から得られたコンテクストとして、ブラジルのプロサッカー選手がアセロラを常用していること、沖縄でもアセロラが栽培されていることなどを加えた。一見無関係に見えるコンテクストも、ブランド知識を豊かにするうえで効果的な働きをするのである。

こうしてできあがったのが、図3－6に示したアセロラドリンクの理想的なコンテクスト、すなわち戦略シナリオである。このように、さまざまな知識を埋め込んでコンテクストを豊かにすることにより、ビタミンCからの連想が弱かったアセロラを、「ビタミンCを摂取し続けるためのアセロラ」というコンテクストに再編することができたのである。

こうした推敲のプロセスにおいて、流通やメディアといった社外の関係者にコンテクストのスクリーニングを行った。その目的は、最終的にできあがったコンテクストを共有し、コミュニケーション活動の浸透性・多面性を確保するためである。また、現実にプロモーション活動やCM活動を実施するうえで、ニチレイとは異なる意図、目的を持つ社外関係者に協力してもらうには、彼らにとっても何らかのメリットをもたらすコンテクストになっていることが重要であり、その余地が確保されているかをチェックする目的もある。

コンテクストによる戦略シナリオは、ブランド再構築のマスタープランとなり、アセロラドリンクの課題でもあったコミュニケーションの統合性と一貫性を実現するうえでも、重要な道標となる。ここから明確にされたアセロラドリンクにおけるブランド・コミュニケーションの目標は、次の三つである。

【目標1】

「ビタミンCは体に良い」から「ビタミンCは肌に良い」へとゴールを変え、さらには「ビタミンCは肌に良い」から「アセロラは肌に良い」まで連想をつなぐ。

【目標2】

「ビタミンCの摂取」から「ビタミンCを摂るならアセロラ」まで連想をつなぐ。

【目標3】

「ビタミンCは毎日摂らなくてよい」「ビタミンCは足りている」という連想から「ビタミンCを毎日摂る必要がある」と「ビタミンCは実際には足りていない」へ変える。

【ステップ❹】コンテクストの内部共有

上記の目標に沿って、ブランディングにかかわる人々と戦略シナリオを共有するのが、次のステップである。その対象は、社内と社外の両方にいる。

社内の関係者は、第一線でアセロラドリンクを販売する営業スタッフ、プロモーション担当者、広告制作担当者、製品開発担当者などであり、社外の関係者は、マスメディア、流通、生産者などである。

営業スタッフは、流通関係者や販売店の人たちに対し、セールストークを通じてアセロラドリンクを伝える役割を担っている。もし彼らのトークがアセロラドリンクのコンテクストと合致していなければ、ブランド・アイデンティティが正確に伝わらない。

広告制作担当者はメディアを介したコミュニケーションの当事者であるから、ブランド・コミュニケーションの一貫性、統合性を確保するためにコンテクストの共有が欠かせないことは言うまでもない。

製品開発担当者とのコンテクスト共有が必要なのは、製品自体が顧客とブランドとの最大のコンタクトポイントになるからだ。顧客は企業が発するさまざまなコミュニケーションからブランド知識を得るが、アセロラドリンクを店頭で見て、実際に購入して飲む、という経験こそがブランド知識に最も大きな影響を与えるのである。

社外の関係者との共有が必要なのは、前項で述べたとおり、コミュニケーションの社会的な広がりを確保するためである。ブランド・メッセージは企業が発信するものだけでなく、社会のなかで形成されるものもある。これまでのブランド戦略ではその点が欠落していたが、社外関係者とコンテクストを共有することにより、企業の外でつくられるブランド・メッセージについても、ある程度コントロールすることが可能になるのである。

このように社内外の関係者がコンテクストを共有することで、生産から販売に至るすべての活動でそれぞれの役割分担を明確化し、連動させていった。バラバラであった活動に統合性を持たせることで、全体の活動としても一つのコンテクストとして力を発揮する仕組みをつくったのである。

【ステップ❺】コンテクストの刺激

コンテクストの刺激においては、統合性と一貫性を重視した。その中心はキャンペーンと製品開発である。

キャンペーンにおいてはさまざまな手法を統合し、キャンペーン効果の最大化を目指した。まずPRにおいては、複数のテレビ番組で「日焼け」や「シミ・シワ」など肌のトラブルがクローズアップされて「美肌のためにはビタミンCが必要」との話題が提供された。同時に女性誌では、女性に影響力を持つ皮膚科専門医から、美肌とビタミンCの詳細な解説がなされた。こうしたPR展開で「美肌→ビタミンC」のコンテクストが強化されたうえで、テレビCMにおいては「美肌→アセロラドリンク」とつなぐことを戦略としたのである。

さらに、小売店の店頭において、アセロラドリンクのみならず、アセロラ関連商品を集めたフェアを開催した。アセロラドリンクの重要なブランド知識はアセロラである。したがってアセロラに対する顧客の知識を豊富にすれば、アセロラドリンクに対する顧客のブランド・イメージは高まると考えたのである。

こうしたキャンペーンは、コンテクスト・ブランディングを導入してからの三年間、継続させた。マスタープランに基づき、「肌のトラブル→ビタミンCが必要→アセロラドリンク」というコンテクストを一貫して訴え続けたのである。

一方、製品開発においては、パッケージ・デザインを戦略顧客に合わせて「天然素材の美肌ドリンク」というイメージにリニューアルした。また、ビタミンCの含有量を従来の八〇ミリグラムから一〇〇ミリグラムへと増量し、一本で一日に必要なビタミンCを摂取できることを表示した。さらに、天然ビタミンCをできるだけ壊さずにアセロラ独特の風味を残すよう、製品加工工程の改良も行った。これらの改良によって「ビタミンC→アセロラドリンク」というコンテクストの強化を狙ったのである。

このようにコミュニケーションの統合化を図ることでキャンペーンを最適化し、コンテクストの刺激・創造につなげる。ここで顧客に受け入れられたコンテクストは会話を通じて他の顧客に伝えられる。いわゆるクチコミ、ネットコミが生まれるのである。こうして顧客を動かすコンテクストはより大きなキャンペーン効果をもたらし、ブランド知識、ブランド・ロイヤルティの向上につながるのである。

【ステップ❻】コンテクストの共創

コンテクストの刺激プロセスで創造・刺激したコンテクストにより、顧客の側にはブランドに対する共鳴が生まれる。そしてそれは、新たなコンテクストを創造していく。アセロラドリンクでは、当初一九〇〇㎖缶が主力であったが、顧客のコンテクストが刺激された影響で、大容量の九〇〇㎖（ペットボトル）が売れるようになった。これは、ビタミンCを摂ることを習慣化する、ヘビーユーザーが増えたことを意味している。さらにビタミンCを二〇〇ミリグラム含有している高濃度の商品の購入も増えた。つまり、顧客の生活シーンのなかに、アセロラがしっかり定着したのである。

また、顧客はアセロラカテゴリーの認識をドリンクだけではなく、サプリメントや化粧品にまで広げ出していた。アセロラを原料にした商品が、他のカテゴリーでも売れるようになったのである。ニチレイは原料に関するノウハウと供給能力を持っているので、そうした他企業とのコラボレーションも始まっている。

さらに、同じ飲料カテゴリーの競合企業からも、アセロラに参入してくるところが出てきた。これは、ニチレイにとってはカテゴリーを拡大するチャンスであり、コンテクストのマネジメントをしっかり行っていけば、カテゴリー・ナンバーワン企業の優位性を十分に活かせるようになる。

このように、アセロラドリンクが打ち出した新しいコンテクストにより、アセロラを起点にしたさまざまなコンテクストが共創されているのである。

【ステップ❼】コンテクストの管理

コンテクストの共創作用は、企業の思惑をはるかに超えて広がっていく可能性を秘めている。それは、ベースとなるコンテクストを開発した企業にとっては諸刃の剣である。なぜなら、コンテクストは生き物であり、環境の変化によって変わってしまうからだ。もし、他社がより強力なコンテクストを打ち出してくれば、あるいは社会のなかで自社が意図しないコンテクストが生まれたりすれば、開発したコンテクストの優位性が失われ、ブランド力が落ちてしまう。それを防ぐには、コンテクストの管理をしっかり行わなければならない。具体的には、コミュニケーションを行う前の顧客の状況と、行った後の状況を比較し続ける必要がある。また、顧客のコンテクストがどの刺激によって変化したのかを知ることも重要である。

アセロラドリンクの場合は、各年度のキャンペーンの後に調査を実施し、前年度の結果との比較分析を行った。その内容は以下のとおりである。

①「顧客購買行動」「顧客イメージ」の両方の調査を行う

②キャンペーンの各手法の履歴データを保管しておき、①との関連を必ず検証する

③その他、「価格」「製品」「流通」「天候・気温」との関連を個別に見て、それぞれの影響度を検証する

④毎年、コンテクスト・ブランディングのフレームで調査・比較分析を行う

調査・分析の結果得られた知見の一部を紹介しよう。

■戦略顧客のコンテクストの変化について

アセロラドリンクの場合、初年度の調査からは「アセロラ→ビタミンC→美肌」のコンテクストが創造された顧客が出てきたが、「ビタミンC→アセロラ」のコンテクストはまだ脆弱であることがわかった。次年度以降も同じ傾向で推移しており、「ビタミンC→アセロラ」のコンテクストを強化することが難易度の高い課題として考えられる。つまり、変化が起きやすいコンテクストと、なかなか変化を起こしにくいコンテクストがあり、課題発

見のためにはその差を見極める必要がある。

■顧客購買行動と残存効果について

週単位の顧客の購買行動結果とキャンペーン手法の履歴データの相関分析からは、各キャンペーン手法による購買行動への影響が認められただけでなく、キャンペーン終了後にも残存効果があることが発見された。各種のキャンペーン手法を繰り返し投入することにより、コンテクストの残存効果が蓄積され、アセロラドリンクの売上げのベースラインを上げていたのである。

■各キャンペーン手法の影響度について

アセロラドリンクの場合、「アセロラ⇔ニチレイ・アセロラドリンク」の連想はすでに強くあったので、「肌に良い→ビタミンC」「ビタミンC→アセロラ」という情報環境形成のコミュニケーションの効果が高かった。

3 コンテクスト・ブランディングの成果

最後に、コンテクスト・ブランディングを導入したことで、アセロラドリンクの販売傾向、顧客構造にどのような変化がもたらされたかを、データに基づいて示しておく。

図3－7は、アセロラドリンクの発売以来の販売数量の推移を表している。コンテクスト・ブランディングを導入した九九年以降の伸びに注目してほしい。発売から一三年以上を経て、成熟期を迎えたブランドが再び活性化したことが見て取れる。成熟期に入ったブランドを再び活性させることの難しさは、ブランドに携わる者ならだれもが知るところである。ここからもコンテクスト・ブランディングがアセロラドリンクにもたらした効果が理解できよう。

図3－8は、アセロラドリンクの購入量の多寡によって顧客を分類したものである。顧客を購入量の少ない順に、「ライトユーザー」「ミドルユーザー」「ヘビーユーザー」と記している。

図3-7◉アセロラドリンクの販売推移

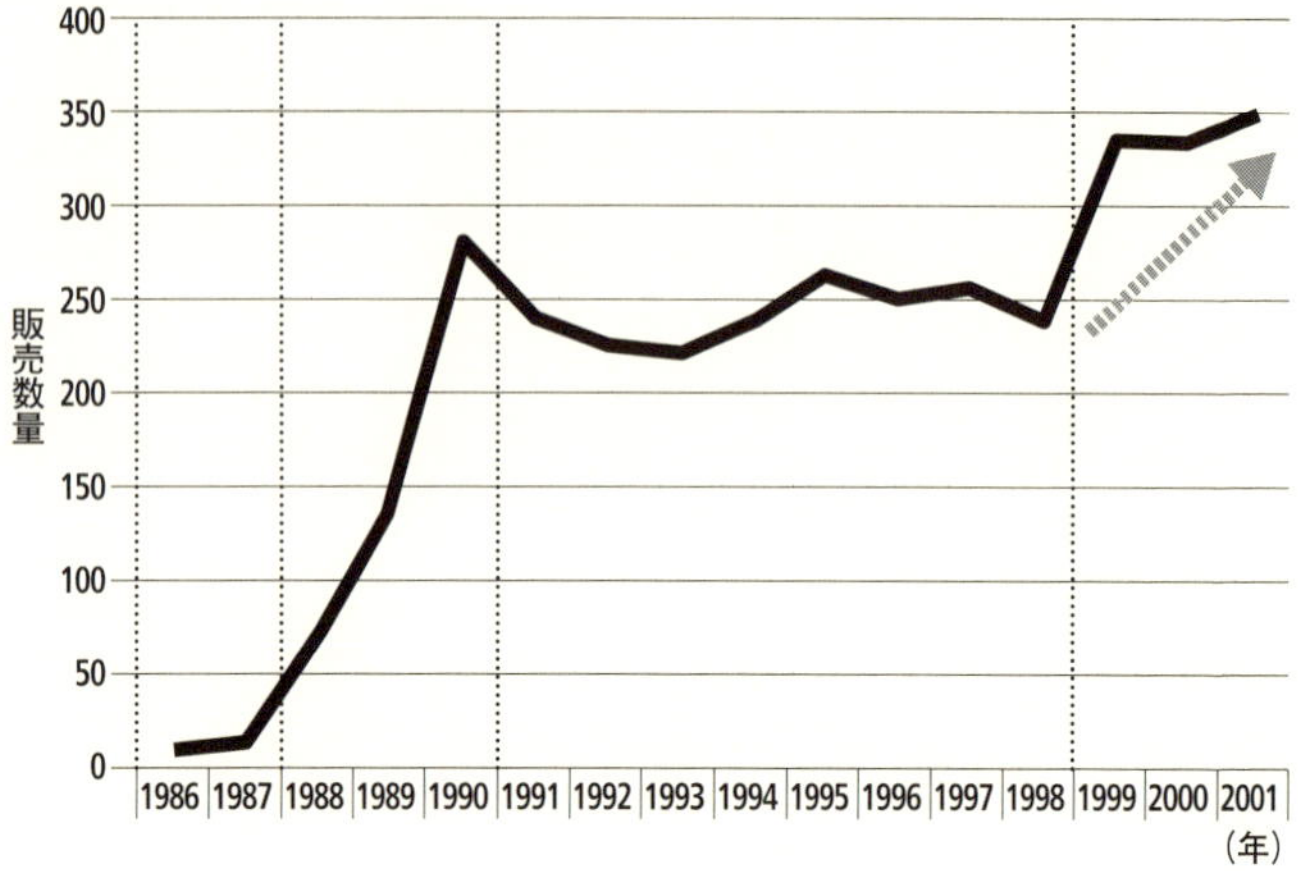

データ：㈱ニチレイ

この図を見ると、九八年時点では、アセロラドリンクの購入者のうち、七七・四％がライトユーザーであった。ライトユーザーとは、アセロラドリンクを購入しながらも、他の競合ブランドに簡単にスイッチしてしまう可能性のある顧客である。つまりブランド・ロイヤルティが低く、競合からの脅威に絶えずさらされているのである。一方、ミドルユーザーは一五％、ヘビーユーザーは七・六％であった。

　コンテクスト・ブランディングの実施以降、これらの顧客構造に変化が見られた。取り組み三年目の二〇〇一年では、ライトユーザーが七〇・八％と相対的に減り、ミドルユーザーが一

図3-8◉アセロラドリンクの顧客構造

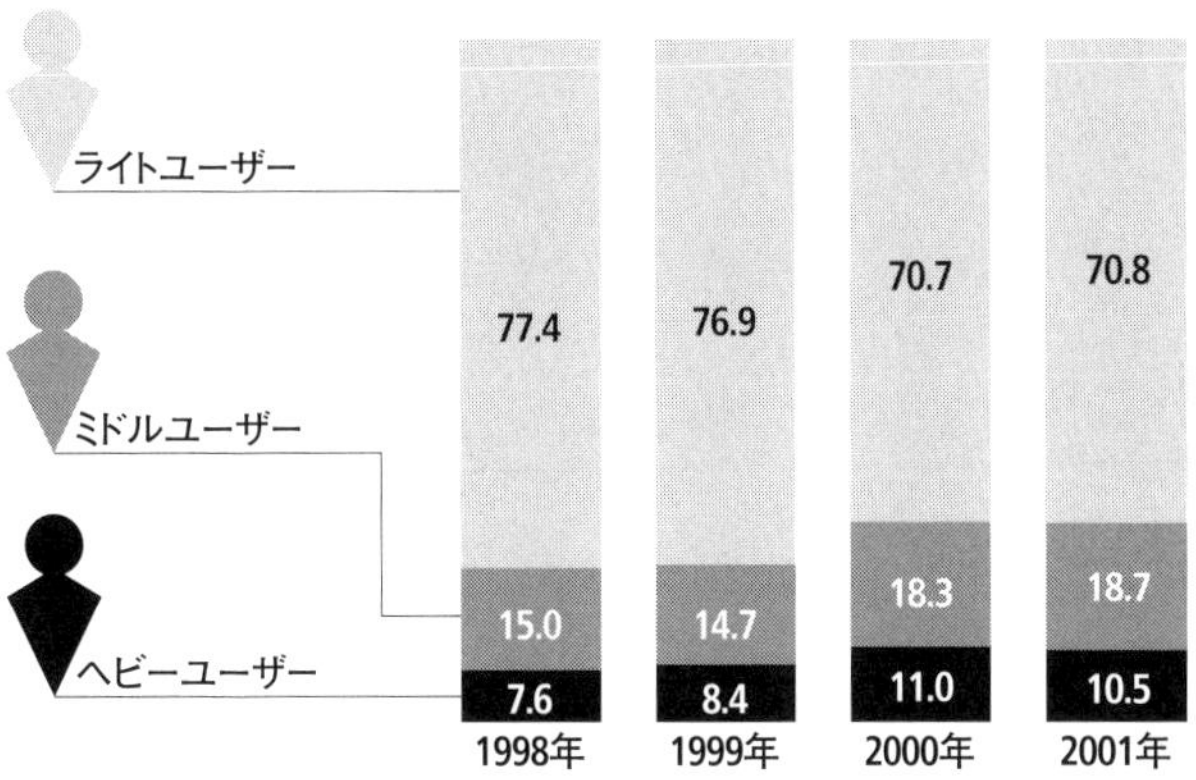

*購入容量による顧客分類

データ：㈱インテージ「SCI」

八・七%、ヘビーユーザーが一〇・五%と、合わせて六・六ポイントも増えているのがわかる。これらの顧客層は高いブランド・ロイヤルティを持ち、簡単に競合ブランドへは流出しない。ブランドとしては最も望ましい顧客層を増やしたことになる。

こうした結果から言えることは、コンテクスト・ブランディングを導入することで、ダウントレンドにあったアセロラドリンクの販売数量がアップトレンドに転換しただけでなく、顧客のブランド・ロイヤルティの向上にもつながったということである。つまり、量と質の両面において、顧客構造の大きな転換が達成されたのである。

第4章

企業が伝えたいブランド・アイデンティティ

Brand Identity

本章から第7章までは、ブランド・アイデンティティ、ブランド・イメージ、そしてブランド・コミュニケーションというコンテクスト・ブランディングの三つの主領域と、それらをつなぐ構成要素の一つであるブランド・パーソナリティについて、その機能と役割、構造、規定方法などについて詳細に解説していく。そこでの目的は、第2章で展開した理論ベースを前提にしたコンテクスト・ブランディングの実践プロセスを、読者に理解していただくことである。

実務の立場からの理解を促進するために、理論の説明はできるだけ控え、実践に重きを置いて解説することを心がけた。読み進める過程で理論的な裏づけの必要性を感じた読者は、第2章に立ち返って確認していただきたい。

それでは、ブランド・アイデンティティから始めよう。

1　ブランド・アイデンティティの重要性

ブランディングは中長期戦略

一九八〇年代に日本企業の躍進に押されて停滞したアメリカ企業は、株主からのプレッシャーによる短期的財務業績への偏重を大いに反省した。というのも、当時、成長の勢いに乗っていた日本企業は中長期的にシェアを伸ばす施策を打ち出しており、それが功を奏していたからである。日本企業に対抗するためには、アメリカ企業も中長期戦略を持たなければならなかった。

しかし、経済が必ずしも右肩上がりではない状況にあって、多くのアメリカ企業にとって中長期的なシェア志向は有効な解決策にはならなかった。そして、成熟し飽和状態にある市場で勝ち残るために洗練された中長期戦略を模索した結果、見出したのがブランディングであった。

ブランディングの本質を正しく理解したアメリカ企業は、苦しい時期にも将来の発展を見据えて戦略的にブランドへの投資を続け、コカ・コーラ、ナイキなどのブランドに見られるように、九〇年代以降にそのリターンを十分に得ることができたのである。

このように、ブランディングには中長期的な視点が不可欠である。コンテクスト・ブランディングも同様に、中長期的に取り組んでこそ大きな成果が得られるものである。そして、その出発点となるのは、コンテクスト・ブランディングにおける三つの領域のなかでも、企業側の主体性に委ねられたブランド・アイデンティティについて、正しく理解し、積極的に規定していくことである。

ブランド・アイデンティティとは何か

そもそもブランド・アイデンティティとは何か。それは、企業が望むブランドのあるべき姿であり、顧客や社会にブランドをこのように受け止めてもらいたい、こうした連想をしてもらいたいと思う姿を表したものである。そのため、企業の内省によるブランドの自己規定だけでなく、顧客の立場から規定されるブランド・コンセプトや、競合もしくは市場の視点から規定されるブランド・ポジションといった概念をも包摂することになる。

ブランドのあるべき姿であるから、必ずしも現在の姿、すなわち現在の顧客が持つブランド・イメージと一致している必要はない。むしろ、ある時点でのブランド・イメージをそのままブランド・アイデンティティにするようでは、ブランドに対する理解が短絡的にすぎる。ブランド・アイデンティティの根底には、ブランドのフィロソフィーをベースにした「ブランドの世界観」があるべきだからだ。一方で、顧客が持つブランド・イメージとあまりにも懸け離れていては、信頼性に欠け、ブランドを通じた顧客とのコミュニケーションが成り立たない。ブランド・アイデンティティを考えるにあたって大切なことは、このバランスをうまくとることである。

コンテクスト・ブランディングを実践することによって、ブランド・アイデンティティとブランド・イメージはコンテクストによって結びつけられ、理想と現実の望ましいバランスがダイナミックに達成され、維持されていくことになる。ある時点で顧客が持つブランド・イメージとブランド・アイデンティティとのギャップをコンテクストで埋めていくにあたっては、フィロソフィー、ベネフィット、属性、パーソナリティというアイデンティティの各構成要素とその関係性を明確にすることが重要になる。

■ブランド・アイデンティティの機能

ブランド・アイデンティティを明確に規定することは、コンテクスト・ブランディングのダイナミズムの出発点であり、これによって企業は多くのメリットを得られる。具体的には、明確に定められたブランド・アイデンティティが持つ、以下の三つの機能である。

■企業が考えるブランドのあるべき姿を明確にするアイデンティティは、ブランドにかかわる施策を考えたり、評価したりする際の拠り所となる。それによってブランドにふさわしい活動とふさわしくない活動のおおよその判断が組織内のだれにでもできるようになり、ブランド戦略に対する全社的な認識の共有が促進される。

■顧客の立場から見た規定要素（顧客にとってのベネフィットなど）を明確にするアイデンティティは、ブランドを顧客にとってわかりやすいものにし、それに基づくブランド戦略が顧客の態度改善や購買喚起といった効果を実現するのを助ける。

■競合関係のなかでの規定要素（市場における競合ブランドとの相対的な位置づけ）を明確にするアイデンティティは、競争優位の源泉が何であるかを示唆し、顧客から見た差別化のポイントを際立たせる。

ブランド・アイデンティティは、ともすると企業の内部者の目から見た自己規定だけでとらえられがちだが、顧客や、市場での競合関係から見た規定を取り込むことによって、ブランドの四つの特殊性に対応したブランド・アイデンティティにすることができる。それをもとにしたブランディングの実践を徹底することが、競合ブランドに対する競争優位の確立、そして顧客のブランド・ロイヤルティの獲得へとつながっていく。したがって、企業内部の資源や文化と、市場での競争戦略を統合する仕組みをつくるうえでも、ブランド・アイデンティティは重要な役割を果たすのである。

ブランド・アイデンティティの規定に必要な知識

ブランド・アイデンティティの意義と機能をこのようにとらえると、その構成要素が商品の属性だけにとどまらないことは容易に想像できよう。ブランドの特徴をわかりやすい形で表現する要素も大切だが、企業の内外に暗黙知として蓄積されているブランド知識も加え、すべてをよく考慮したうえでブランド・アイデンティティは規定されなければならない。

商品属性以外にブランド・アイデンティティの要素が考えられない、競合と差別化できるものが何も思いつかない、何かユニークなものがある気がしているのだがうまく表現できない、あるいはいくつか要素が出てきたがどう整理すればよいのかわからないという企業には、次のような問題があることが多い。

■暗黙知を含め、企業内外にあるブランド知識の収集が質・量ともに不足しているため、社内で深みのあるブランド・アイデンティティを考えるだけの知識ベースがない。

■企業と顧客それぞれのブランド知識の意味、関係性に対する洞察が足りないため、有効なコンテクストを引き出せない。

■表現力が足りないために、共有・共感できるブランド・アイデンティティにならない。

ブランド・アイデンティティは、企業もしくはブランド担当者の勝手な思い込みや人まね、机上の空論であってはならない。それは、企業の内外にあるブランド知識をベースに、論理的であるだけでなく、少なくとも内部関係者の心に訴えるように規定されなければならない。それは、質・量ともに十分なブランド知識を深く洞察して、初めて導き出されるものなのである。

そのようにして規定されたブランド・アイデンティティだけが、ブランド戦略の軸として競合ブランドに対する競争優位の源泉となることができる。そして、非常に深い知識ベースがあれば、コモディティ商品といえども、ブランディングによって商品以上の価値を持たせることは可能になる。ブランドが表すものが企業であれ商品であれ、深みのあるアイデンティティに支えられなければ、数ある競合に対し競争優位を維持することは難しい。

差別化の源泉となるブランド・アイデンティティの規定は、少なくとも一年、時には数年を要する作業となる。しかも、規定した後も常に新しい知識で修正・補強し、顧客の持つブランド・イメージとダイナミックなバランスをとるように活性化し続けていかなければならない。全社で共有するための形式知化も継続的に行う必要がある。とても半期や四半期でできる作業ではない。本当に価値のあるブランド・アイデンティティを構築したければ、それだけの覚悟を持って規定作業に取り組むしかない。

2 ブランド・アイデンティティの構造モデル

ブランド・アイデンティティの四つの構成要素

第2章で説明したように、そもそもアイデンティティは人間について考えるものであり、自己についてのイメージとしてとらえることができる。イメージと言っても、「これは自分らしい、自分らしくない」といった心の表層にあるイメージだけでなく、「自分とはいったい何者なのか」という自己の存在意義にかかわる問いの答えとなるような、心の深層にあるイメージをも含んだ概念である。人間にとってアイデンティティは、考え方や情動を含んだ広い意味での行動すべてに影響を与えるものである。ブランドの場合も、アイデンティティが態度や行動の指針となり、ブランドにかかわる諸々の活動に反映されていく。

ブランド・アイデンティティは、ブランドの「フィロソフィー」にその基盤を置き、そのブランドが顧客に提供できる「ベネフィット」、ベネフィットの具体的根拠となる商品の

図4-1◉ブランド・アイデンティティの構造モデル

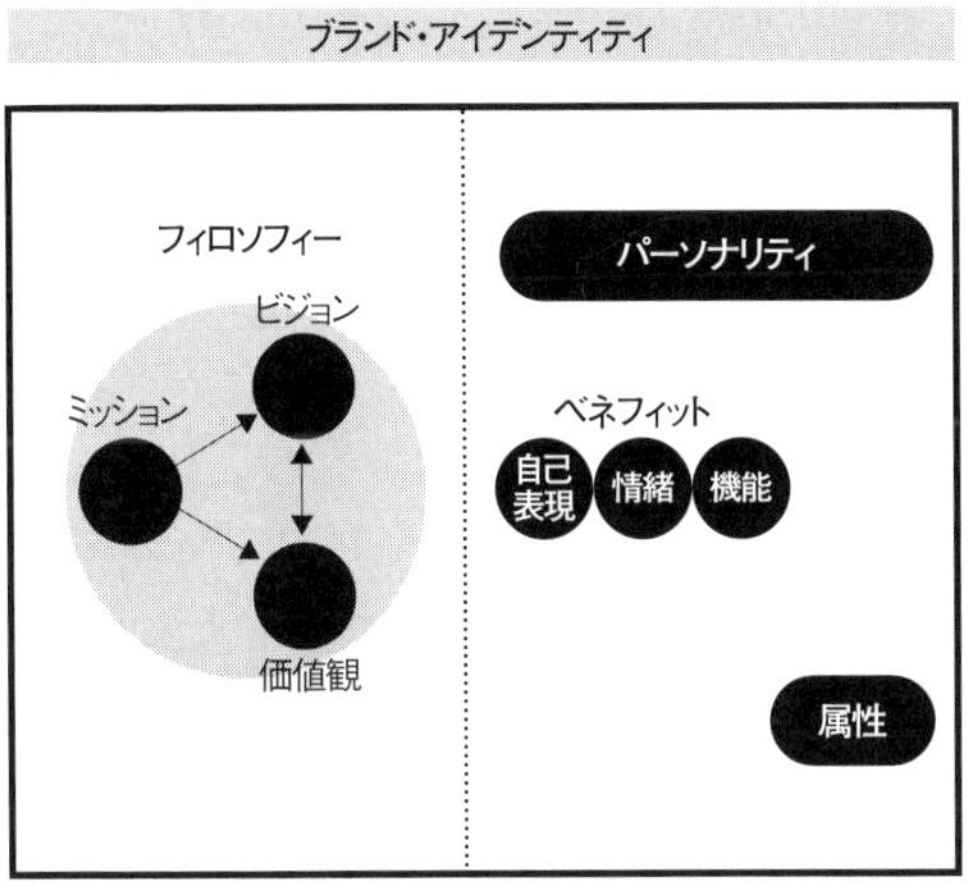

「属性」、そしてそれらを顧客や社会に伝える際のコンテクストとなる「パーソナリティ」の四つの要素で構成される（図4-1を参照）。これらの四要素は、フィロソフィーをコアとする有機的な関係性を持っている。

それでは、ブランド・アイデンティティを構成するそれぞれの要素を見てみよう。

フィロソフィー

企業のアイデンティティが、企業が自らの遺伝子として持っている経営理念に立脚しているように、ブランド・アイデンティティの根底となるのもそのブランドの哲学、すなわちフィロソフィーである。企業の経営理念は、当然のことながらその企業が生み出すブランドにも反映されることになるが、ブランドはブランドで個別のフィロソフィーを持つべきである。

ブランドのフィロソフィーは言葉で表現された知識だけでは理解しにくいものである。ブランドを生み出し、それを育てた人々の心の深層にあった思いが、ブランドに象徴されて伝わるものである。それゆえ、顧客に理解されれば強力な差別化の源泉になる。究極的には、ブランドのフィロソフィーと顧客の価値観が共鳴したとき、そのブランドは顧客の心のなかに確固たるポジションを占めることができる。企業ブランドであれコモディティ商品のブランドであれ、最終的にはフィロソフィーの質によってブランドの価値は大きく左右されるのである。

フィロソフィーは「ミッション」「価値観」「ビジョン」の三つの要素で構成される。コアとなるのはミッションである。これは、そのブランドの存在意義である。商品ブランドであれば顧客に対しての、企業ブランドであれば顧客に株主や従業員なども含めた社会に対しての存在意義がなければならない。

価値観はブランディングを行う際の行動指針となるもので、さまざまな行動の目的が衝突したときなどに判断基準を与えるものである。ブランドにかかわる行動については、そのブランドの価値観を基準に判断されるべきである。

ビジョンはミッションを実現するための方向性であり、そこから具体的な計画が示唆されなければならない。つまり、ブランディングの具体的な施策はビジョンを達成するものであるべきで、それがひいてはミッションの実現につながる。

このように、フィロソフィーの三つの要素は互いに密接な関係を持つ。たとえば、ブランドのミッションが「食生活の質を向上させることによって人々の幸福に寄与する」だったとしよう。そのとき、新鮮な食材の調達に付加価値を求めるのか、それとも加工技術にかけるのかといった判断は、価値観を基準に決められる。そして、価値観に基づき、ミッションを実現する方向性として「高度な加工技術によって素材を生かしたおいしい食品を安価で製造し、全国ネットで効率よく販売する」といったビジョンが示されるのである。

もしブランドのフィロソフィーが曖昧であれば、ベネフィットやパーソナリティといった他の要素を考える以前に、それを明らかにすべきである。

ベネフィット

企業がブランドを通じて顧客に提供しようとする便益がベネフィットである。厳密に言えば、顧客からその便益を認められて初めてベネフィットと言えるものになるわけだから、「企業が顧客のベネフィットとなることを目的に提供したいもの」というのが正確な表現である。ブランド・アイデンティティを形式知化して顧客に伝える際に、ベネフィットは大きな役割を果たす。なぜなら、それは顧客が抱えている生活課題に直結するため、ブランドと顧客をつなぐ有効なコンテクストとなるからである。

ベネフィットは、機能ベネフィット、情緒ベネフィット、自己表現ベネフィットの三つに分けて考える。

機能ベネフィットは、そのブランドを所有したり、利用したりすることによって得られる便利さ、効用といった便益であり、定量化や形式化が比較的容易である。たとえば自動車であれば、大人五人がラクに乗れる、大きな荷物も積める、故障の心配がない、高速でも安定した走りを保つ、といったことが機能ベネフィットの一例である。

情緒ベネフィットは、そのブランドによって顧客に何らかの感情を与えることのできるベネフィットである。同様に自動車の例で言うと、快適な気持ちにさせる、安心感を与える、爽快感を与える、などである。

自己表現ベネフィットは、ブランドを通して顧客が何らかの自己表現をできるようなベネフィットである。スマートな自分を演出できる、活動的な自分を表現できる、といったことである。自己表現ベネフィットはしばしば情緒ベネフィットと混同されるが、情緒ベネフィットが顧客の感情に訴えるものであるに対し、自己表現ベネフィットは、より深く、顧客の精神性や価値観に訴えるベネフィットであるところに違いがある。

これら三つのベネフィットは、ブランドが指し示す商品を通じて顧客に提供される。それゆえ、そのベネフィットに期待を抱いて商品を購入・利用した顧客から、何らかのフィードバックが得られる。企業はそれを踏まえてベネフィットを定義し直したり、商品を改良したりして、顧客が認識したベネフィットとのズレを是正していく。その意味でベネフィットは、最終的には、企業と顧客のインタラクションによって定義されることになる。

属性

属性とは、主に商品が備えている特性であり、客観的・定量的に示すことができる事実である。たとえば、あるプラスチック製品のベネフィットとして「環境にやさしい」というメッセージを出すとしよう。このメッセージだけでは、顧客はなぜ環境に優しいのかがわからないし、信用もしない。そこに「素材に生分解性プラスチックを使用」という客観的な事実を加えれば、顧客は納得し、安心する。それが属性である。

すなわち、企業が「これが、当社が顧客に提供するベネフィットである」と言う裏づけや根拠となるものであり、この商品のどこからそのような「パーソナリティ」を認めることができるのか、といった問いに答える客観的な事実である。

属性はブランド・アイデンティティの妥当性を裏づける根拠であり、より良いブランド・アイデンティティの確立は、商品の属性を向上させることなくしてはありえないのである。

パーソナリティ

パーソナリティとは人格のことだが、ブランド・アイデンティティにおけるパーソナリティも、人格と同じ働きをする。ベネフィットが、ある個人が持つさまざまな能力であるとすれば、パーソナリティはその個人の人柄である。その役割は、我々が他人に抱く感情を思い浮かべればわかりやすい。いくら頭脳が明晰で多才でも、自己中心的だったり、冷たい感じのする人に対して、好意を抱くことは少ないだろう。反対に、能力は平凡であっても温厚で誠実な人には好意を寄せ、信頼もする。そうした人間の感情面に働きかけ、何らかの印象を植え付ける作用をするのがパーソナリティである。

したがって、ブランド・アイデンティティにおけるパーソナリティは、ブランドが持つ「人間的特徴」であり、顧客から「こういう人間に見られたい、思われたい」という人物イメージを表すものである。そのため、パーソナリティを表現する言葉はほとんど、人間のパーソナリティを表す形容詞となる。

■ ブランド・アイデンティティの各要素の連関

前述したように、フィロソフィー、ベネフィット、属性、パーソナリティの各要素は、フィロソフィーをコアにして緩やかに結びついている。それぞれの連関と相互作用を見てみよう。

属性がベネフィットとパーソナリティを支える

ベネフィットやパーソナリティは、顧客にこう受け止めてもらいたいという願を込めてつくられるものであり、企業の勝手な思い入れであっては説得力を持たない。本当にそのようなベネフィットを提供できるのか、なぜそのようなパーソナリティと見なせるのか、という問いに客観的な事実をもって答えられることが必要である。

したがってベネフィットとパーソナリティは、それを裏づける属性があって初めて、第三者から見たときに妥当性のあるものとなる。属性を伴わないベネフィットやパーソナリティでは、ブランド・アイデンティティを築くことは難しい。

ベネフィット・属性・パーソナリティはフィロソフィーに従う

ブランドが顧客や社会に対して提示する存在意義・目的がフィロソフィーである以上、ベネフィット、属性、パーソナリティといったブランド・アイデンティティの構成要素も、フィロソフィーに則したものでなければならない。逆に言えば、フィロソフィーが求心力になって、ベネフィット、属性、パーソナリティの間に一貫性が保たれるのである。

3 ブランド・アイデンティティの規定プロセス

それでは、ブランド・アイデンティティをどのように規定していけばよいのだろうか。以下でそのプロセスを解説しよう。このプロセスは時には後戻りすることもあるが、基本的には以下の三つの流れになる。

①ブランド知識を収集する
②ブランド・アイデンティティに必要な要素を抽出する
③ブランド・アイデンティティとして形式知化する

ブランド知識を収集する

コンテクスト・ブランディングでは、ブランドのステークホルダーが所有するブランド知識を広くかつ深く獲得して、豊富なブランド知識のなかからブランド・アイデンティティが象徴すべき要素をくまなく引き上げることを目指す。そこで、ブランド・アイデンティティの規定作業は、ブランド知識を形式知と暗黙知の両方で収集することから始める。

ここでは、対象とするブランド知識のなかでも、企業内のブランド知識に焦点を当てて説明しよう。

形式知の収集

幅広くブランド知識を収集するには、まず、ブランド知識の保有者を探し出さなければならない。第3章のアセロラドリンクの事例で紹介した「コンテクストの探索」と、基本的には同じ作業（文書類の調査、ヒアリング）を行って収集する。ブランド知識の保有者は社内のいたるところにいるので、社内ネットワークが効果的な探索ツールとなる。

ミッションや価値観、ビジョンについては、トップの発言、社内インタビュー、社内資料から収集する場合が多いが、創業者、初代開発者などにそれがあると思われる場合は、歴史を逆のぼって収集しなければならない。

暗黙知の収集

暗黙知を収集する最善の方法は、ブランド担当者が自らブランドを積極的に経験することだ。形式知は伝達しやすく、理解も難しくない。だが、その背景となる暗黙知は経験して共有するしかないのである。ここでの経験には、実際にブランドを使用したり、店頭で販売したりすることだけではなく、より広い意味での経験が必要になる。

すなわち、ブランド知識の保有者を探し出し、彼らと暗黙知を共有するための経験を重ねる。果実飲料であれば、果実の原産地を訪れるのもよい。独自の製造方法で差別化しているブランドであれば、製造工場でそのノウハウを経験することがブランド体験になる。

これらは社内の暗黙知を収集する方法だが、顧客のブランド知識を得る経験も積むことができれば、ブランド知識はさらに豊かになる。

ブランド知識収集における問題点

実際には、社内のブランド知識を収集する作業はさまざまな障害を伴う。まず、組織上の問題が挙げられる。ブランド知識を収集するのはブランド担当者の業務であるが、知識の保有者がいる他部門では、ブランド知識の収集に協力する態勢ができていないことが多い。自らの業務に追われている他部門の社員が、ブランド担当者の申し出に快く応じてくれるとは限らないのだ。「ブランド知識をいただきに来ました」と言ったところで、おいそれとは歓迎してもらえないのが現状である。

もう一つ、業務の継続性と担当者の問題がある。つまり、人事異動でブランド担当者が変わったりしたとき、ブランド知識の収集・管理をどのように継続するかという問題である。担当者が集めたブランド知識の保有・管理を他者が引き継ぐことは非常に困難である。とりわけその知識が暗黙知であれば、本人の記憶以外に管理する方法がない。しかも経験を通して獲得するプロセスは時間が膨大にかかるので、時間の経過とともに記憶が薄れ、知識が劣化するおそれがある。

ブランド知識収集のチームづくり

このような問題に対処するには、次のような多様なメンバーで構成されるチームをつくることである。

①社内インフラに強いチーム・リーダー
②ブランド知識を有する担当者
③ブランド戦略のノウハウを持つ実践者

リーダーは主に社内の根回し役であり、チームの活動を円滑に進めるための環境整備役だ。ブランディングに対する全社的な協力を取り付けるために、ブランド知識収集のチームづくりをオーソライズすることによって、収集活動を会社全体の課題にまで昇華させるのである。理想は、「ブランド知識をいただきに来ました」という一言で社内のだれにでも目的が通じ、協力が得られるインフラをつくることである。

担当者は複数名必要であり、チームの中心となってブランド知識の収集を行う。担当者自身、マーケティングや事業企画などの経験を有していても、製造現場や営業の最前線にある膨大な暗黙知を収集するには人海戦術が必要になる。そして、担当者は一定のブランド知識を有すると同時に、対人コミュニケーションにも長けていなければならない。暗黙知の保有者と共通言語で対話をしたり、比喩表現等を用いて暗黙知を引き出したりしなければならないからである。

ブランド戦略のノウハウを持つ実践者とは、収集したブランド知識を整理し、次のステージにつなげる実務上のノウハウに長けた人物である。ブランドの実務を経験した人材を入れることで、ブランディングに要する作業の効率アップが期待できる。

このようにさまざまなバックグラウンドを有するメンバーでチームを構成することが望ましい。ブランドの開発者だけでチームを組むと、コミットメントの強さでは比類がないが、全社的な協力を取り付けたり、実務レベルの作業をこなしたりするうえで問題が生じやすい。多様な知識の取り込み作業には、人材の多様性も欠かせないのである。

なお、全社的な協力態勢を構築するために最も効果的なのは、経営トップの積極的な関与を得ることである。ソニーのように、経営トップ自らブランディングをトップマターとして取り組んでいる企業の成功を見れば、その効果は説明するまでもないだろう。

なお、ブランド知識を計画的・集中的に集めるのはよいが、その後も継続して収集することを忘れてはならない。ブランド知識は生き物のようなものであり、時間の経過や状況の変化によってその内容も変わりうる。継続収集によるブランド知識の蓄積が、長期的なブランドの競争優位につながるのである。

ブランド・アイデンティティに必要な要素を抽出する

次のステップでは、集めたブランド知識から、ブランド・アイデンティティに取り込むエッセンスを抽出する。ここはブランド担当者（チーム）の推論能力と洞察力が問われるステップである。というのも、収集されたさまざまなレベルのブランド知識を一定のレベルにならし、いくつもの組み合わせを大胆に試み、意味と関係性を明確にしていかなければならないからである。場合によっては、テキストマイニング・ツールを使ってコンテクストやエッセンスを可視化することも必要となる。

図4-2◉ブランド・アイデンティティの規定要件

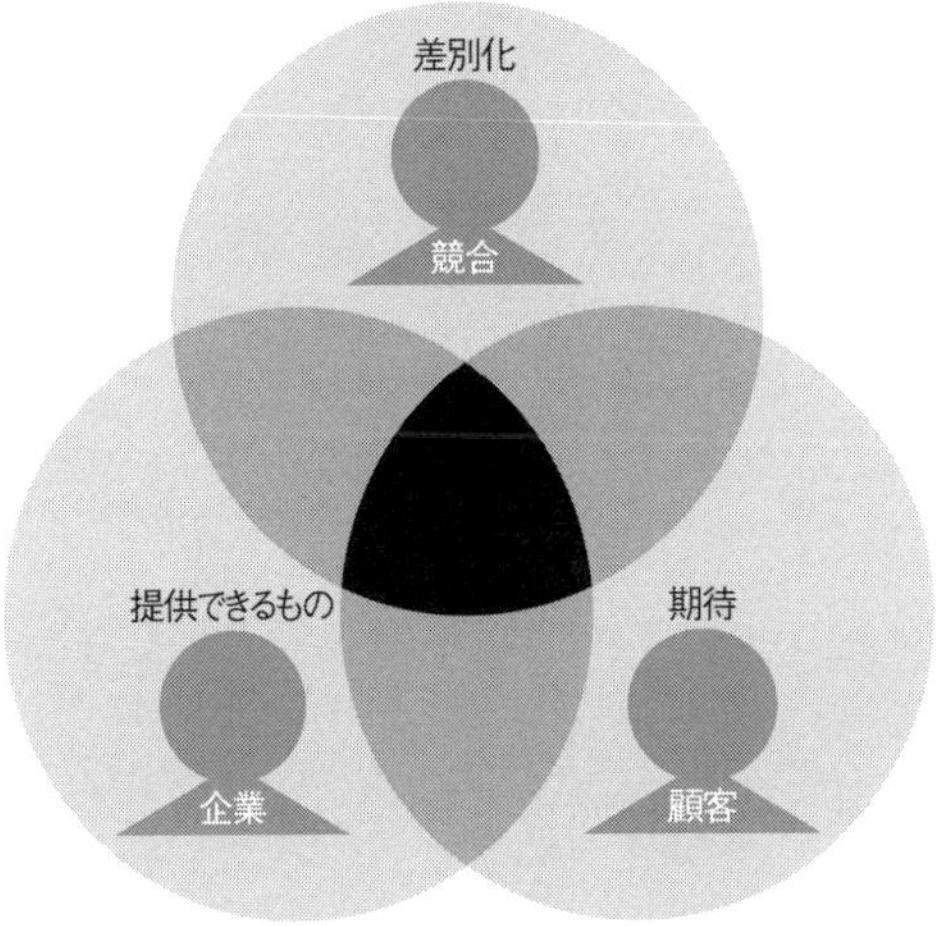

抽出に必要となる視点は、①企業が提供できるもの、②顧客の期待、③競合との明確な差別化、である（図4-2を参照）。

企業が提供できるもの

当然のことだが、ブランドには企業や事業の期待と役割が託される。それを果たすためには、どのようなブランドであるべきなのか、そのフィロソフィーは何か、どのようなパーソナリティを打ち出すのか、顧客に提供したい（提供できる）ベネフィットは何があるのか、それらの根拠となる属性は何か、といったことを導き出せるエッセンスを抽出する。

顧客の期待

ブランド・アイデンティティに顧客の立場からの規定を取り込むためには、顧客の期待を知らなければならない。顧客の期待は一つとは限らない。たとえば、ビジネスバッグにパソコンを持ち運べる機能性を期待する人もいれば、通勤電車で持っていても新聞などが読める携帯性を重視する人もいる。さらには、ファッションアイテムとしてのデザイン性を第一に挙げる人もいる。

また、顧客の意識や価値観が変われば期待も変わる。たとえば、若者は従来、自動車に対しては所有することに価値を見出していた。そのため、多くの若者が、学校を卒業して社会人になったら欲しいもののトップに自動車を挙げていた。ところが最近では、自動車の価値は所有することではなく、それを使って移動することに変わりつつある。スノーボードやサーフィンを楽しみに行くための手段として、自動車の価値を見出しているのだ。このような価値観の変化が、自動車に求める期待も大きく変えているのである。

こうした、とらえにくい顧客の期待を推量し、ブランドがどの期待に応えるべきか、そのためにどんなブランド知識が必要か、といった観点から抽出する。

競合との明確な差別化

ブランドで競合との差別化を図るためには、明確な差別化につながるブランド知識を持たなければならない。たとえば、顧客のある期待に応えるブランド・アイデンティティが規定できたとしよう。しかし、その期待に応えるより強力なブランド知識が競合ブランドにあれば、顧客は競合を選んでしまう。

したがってフィロソフィーの内容、パーソナリティの強さ、ベネフィットの強調ポイント、属性の量と質において、競合を凌駕することのできるブランド知識を抽出することが重要になる。どれだけブランド・コミュニケーションに投資したとしても、差別化できていないブランド・アイデンティティでは競合に勝てない。差別化は競争戦略でのポジショニングを規定するものでもあり、差別化できないブランド・アイデンティティでは、ブランド戦略と事業戦略を統合させることもできないのである。

ブランド・アイデンティティとして形式知化する

ブランド知識を収集し、三つの視点でエッセンスを抽出したら、いよいよブランド・アイデンティティとして形式知化する。ここではブランド担当者（チーム）の表現力が問われる。どれだけ優れたブランド・アイデンティティも、適切に表現されていなければ思いどおりに伝達できない。トップから現場まで、ブランディングにかかわるすべての人が理解でき、共有できるように、そして具体的なコミュニケーション施策に落とし込めるように形式知化することが必要である。それができないブランド・アイデンティティは、規定者の暗黙知の領域を出ないものになる。

形式知化の方法としては、先に紹介したブランド・アイデンティティの構造モデルに当てはめていく。まず、アイデンティティの核となるフィロソフィーを明確化する。そのうえで、ベネフィット、属性、パーソナリティを規定していく。

忘れてならないのは、各要素の連関性をしっかり確認することだ。もし要素間の連関に問題があったら、ブランド知識からの抽出作業をやり直さなければならない。

ブランド知識からブランド・アイデンティティを規定する要素に収斂していく作業を継続するなかで、ブランド・アイデンティティの各要素をつなぐコンテクストが見えてくるはずである。

4 サントリー烏龍茶に見るブランド知識マネジメント

これまでの議論からわかるのは、ブランド・アイデンティティが広くかつ深いブランド知識をベースに規定されてこそ、強いブランドを構築できるということだ。それを実証するために、一つの事例を取り上げよう。強力なブランドとして無糖茶カテゴリーを牽引し続けている〈サントリー烏龍茶〉である。

サントリー烏龍茶は、発売以来二〇年以上も売れ続けている超ロングセラー商品であるが、今日でもカテゴリー・リーダーとして圧倒的な強さを誇っている。以下で、サントリー烏龍茶のブランド知識マネジメントを見ていこう。

■競合を凌駕するカテゴリー・ブランド知識

サントリー烏龍茶の強さの秘密として第一に挙げられるのは、カテゴリー・ブランドとしての知識ベースが豊かなことである。

一六世紀に皇帝へ献上するために生まれたと伝えられるウーロン茶は、中国茶のなかでも最高峰に位置づけられている。それは茶葉自体の品質が良いことに加え、製茶技術が高いからである。ウーロン茶の発祥の地と言われる福建省の武夷山は、平均標高四〇〇メートルに奇峰奇岩が連なる独特の自然環境を持っており、茶樹は岩に含まれる豊富なミネラルと水を吸い上げて育つ。また、雨量が多く、周囲の樹木によって風雨や直射光から守られていることも、茶葉の品質を高めることにつながっている。

さらに、茶摘みから発酵までの生産工程が、「三葉開面採」と呼ばれる独特の茶摘み法、ウーロン茶ならではの味と香りを引き出すための半発酵技術――日光にさらす「晒青」、室内で陰干しする「涼青」、茶葉を盛った大きなザルを揺すって均質な発酵を促す「作青」「揺青」、そして高温の釜に入れて発酵を止める「殺青」――を用いて、一切のマニュアルなしに手作業で行われている。こうした技術やノウハウはすべて、先人たちが自然との対話から学び取った知恵である。

こうした丁寧な作業が、毎日飲み続けられるお茶、健康に良いお茶としてウーロン茶の高い評価につながってきたのである。茶葉の生産者たちもそれを十分に心得ており、常に高品質の茶葉をつくろうと切磋琢磨している。それがまた新たな知恵を生み出し、後生に伝承されていくのである。その意味で、ウーロン茶は暗黙知の宝庫といってよい。サントリーでは、こうしたウーロン茶の奥深い知識・ノウハウを、労を惜しむことなく吸収しようとしてきた。

また、ウーロン茶の奥深さを語るとき、その製法に関するものだけでなく、工夫茶に代表されるような作法や、茶器などのお茶に関連する文化が数世紀にわたって継承されてきたことも見逃せない。武夷山にはウーロン茶にまつわる歴史的エピソードが数え切れないほどある。そうした知識も、サントリーはブランド知識として吸収しているのである。

こうしたカテゴリー・ブランド知識を豊富に有していることが、無糖茶カテゴリーにおけるウーロン茶の優位性、ひいてはサントリー烏龍茶の強さにつながっているのである。

固有のブランド知識

カテゴリーとしてのウーロン茶のブランド知識に加え、サントリー烏龍茶に固有のブランド知識を膨大に持っていることも、競争優位の大きな源泉となっている。しかも、それらの知識の多くは暗黙知として獲得されているのである。

サントリーでは、茶葉産地の福建省で獲得したブランド知識をベースに、原料管理から生産管理までの技術に磨きをかけ、日本人の好みに合う高度な品質に反映させている。そこで大きな役割を果たしているのが「茶師」の称号を持つ専任の技術者である。

茶師は、一〇年以上の経験とウーロン茶に関する深い知見を有することを条件に、利き茶などの試験を経て授与される称号である。中国国内でもウーロン茶の茶師は二〇名しかおらず、現地の茶業関係者からも尊敬されている。実際、武夷山で開催されるウーロン茶の品評会には審査員として招待されるほどだ。

サントリーの茶師には大きく二つの仕事がある。茶葉の品質を見極めることと、茶葉のブレンドを行うことである。茶葉は自然の力を借りた非常にデリケートな農産物である。年ごとの気候や生産者の技術により、当然、品質が異なってくる。したがってサントリー烏龍茶の味を守るためには、茶葉の品質を見極める眼力が非常に大切である。また、それらをブレンドして一定の味と香りを維持するためには高度な技術が不可欠となる。茶師は、自らが暗黙知として獲得した選択眼、ブレンド技術を総動員して、常に理想の味を生み出すように努力しているのである。それは画家が絵具の色味にこだわり、自分のイメージに合わせて調合し、創造力を働かせて絵を描くのと同じである。

茶師のそうした深い知識、理想のウーロン茶を追求し続ける姿勢が商品に反映され、競争の激しい無糖茶カテゴリーにおいて、いったん競合にスイッチした顧客が、結局はサントリー烏龍茶に戻ってしまうほどの強みを生み出しているのである。

フロンティア・スピリッツ

このように豊富なブランド知識を持っていることがサントリー烏龍茶の強みを支えているわけだが、その背後にあるサントリーという企業のフロンティア・スピリッツも忘れるわけにはいかない。

サントリー烏龍茶は、ウーロン茶という新たなカテゴリーを開拓しただけでなく、それを缶飲料として飲む習慣、冷やして飲む習慣を生み出した意味では、新しいお茶の文化を創造したといってもよい。その創造のエネルギーとなったのは、中国の人々に深く愛されているウーロン茶本来の味と香りの豊かさにこだわりながら、日本人が清涼飲料として飲み続けられる、すなわち冷やして飲むのにおいしいお茶を生み出したいという、強力なフロンティア・スピリッツであった。そこにはサントリーという企業に息づく「やってみなはれ」の精神が感じられる。

また、サントリーは一九九七年に、中国・上海で「三得利烏龍茶」の販売を開始した。ウーロン茶の本場への進出である。当時の中国ではお茶は温かくして飲むものと考えられていた。また、上海では緑茶は飲むが、ウーロン茶を飲む習慣はなかった。そのため社内にも清涼飲料としてのウーロン茶による上海進出を疑問視する声があったが、本当においしければ本場中国でも受け入れられるはずだ、との考えであえて挑戦したのである。結果は、若い人を中心に新感覚のおしゃれな飲み物として受け入れられ、大人気となった。これも「やってみなはれ」の精神が生み出した成果といえるだろう。

■ブランド知識の共有化・更新

サントリーでは、ブランド戦略にかかわるキーマンたちは福建省を何度も訪問し、暗黙知としてのブランド知識を獲得するよう努力してきた。そして、それを他のメンバーたちと共有するために、ブランド知識の積極的な交換が行われた。その中心となったのはブランド担当者だけでなく、広告制作担当者、パッケージ・デザイン担当者、生産担当者、研究開発担当者たちである。彼らは、積極的にブランド知識の交換を図ることで、暗黙知を共有したのである。また、そのような活動を支援する社内インフラが整っていたことも、大きな成功要因として見逃せない。

さらに、ブランド知識は獲得するだけでなく、それを更新したり拡大することも必要だ。

それにはブランド知識を持つ相手とのリレーションを保つことが非常に重要になる。サントリーでは茶師だけでなく、ブランド担当者が現地との深い交流を維持しており、それが膨大なブランド知識の更新につながっている。

しかし、こうしたリレーションは一朝一夕にできるものではない。人との出会いや絆を大事にする中国には、「老朋友」という言葉がある。十数年通って初めて信頼できる友人になれるという意味だ。サントリーは烏龍茶の開発当初から、茶師を中心にして現地とのリレーションを大切にしてきた結果、今日の友好的な関係が築かれているのである。老朋友として現地の関係者に温かく迎えられる茶師の深い交流は、いまでは家族ぐるみの付き合いにまで発展しているという。

ブランド知識マネジメント

社内でのブランド知識の共有をオープンに行う一方で、ブランド知識のマネジメントは各部門のキーマンたちによって一貫して行われている。

たとえば、生産・研究部門には先述した茶師がおり、サントリー烏龍茶のテイストのデザインに対して責任を負っている。彼はウーロン茶の知識ベースでは日本のトップクラスであり、彼の頭の中で生産・製造工程から現地の生活・歴史的背景に至るまでの膨大な暗黙知がマネジメントされているのである。

また、コミュニケーションを司る広告制作部門にも、サントリー烏龍茶発売以来、ブランド知識をマネジメントしている人物が二人いる。二人はその豊かな知識ベースに基づいて広告を制作しており、サントリー烏龍茶の世界観を一貫して表現し続けている。

ほかにも、事業部や宣伝部、パッケージ・デザインなどにもキーマンがおり、ブランド知識のマネジメントを担っている。膨大な知識ベースをキーマンが一貫して管理することで、ブランド知識の効果的な活用が可能になり、それがまた新たなブランド知識の獲得につながっているのである。

ブランド知識はただ蓄積すればよいのではない。それに基づいて、担当者それぞれの世界観がしっかりと構築されることが重要なのである。サントリーのキーマンたちは、自らが何度も現地に赴き、自分の目でウーロン茶の何たるかを見極めようとしてきた。その姿勢からは、個々の担当者が確固たる世界観を持とうとしていることが十分に見て取れる。

これだけ多くの担当者が現地を訪れ、ブランド知識を共有しているケースは稀である。ここにもサントリーの企業姿勢が表れている。

コミュニケーションへの反映

豊富なブランド知識をベースにそれぞれの担当者が世界観を共有することで、コミュニケーションにも統合性と一貫性が保たれている。

たとえばサントリー烏龍茶のパッケージ・デザインは、ウーロン茶カテゴリーを牽引する独特の世界観を持ったものである。発売当初から少しずつリニューアルされてはいるが、その表現には一貫性があり、ウーロン茶カテゴリー以外の無糖茶がベンチマークにするほどの定番となっている。

また、広告制作も「サントリー烏龍茶→中国」のメタファーを活用して、独自の世界観を創り出してきた。そこには、古き良き時代の中国から現代の成長著しい中国までが幅広く描かれている。それは、先述したように制作担当者が二〇年以上にわたって中国を見続けてきたことで得られた、膨大な知識から生み出される世界観の産物である。

このようにサントリー烏龍茶の強さの背景には、豊富なブランド知識の蓄積、積極的な共有化、その徹底したマネジメントがあることがわかる。これからからブランド・アイデンティティに必要な要素を抽出し、顧客のブランド・イメージにつながるように形式知化したわけだが、それらがすべてブランドの強さに反映され、二〇年以上を経たいまも他社との差別化要因となっているのである。ブランド・アイデンティティを支えるブランド知識の重要性が、十分に理解できるだろう。

第5章

顧客のもつブランド・イメージ

Brand Image

コンテクスト・ブランディングの枠組みにおいて、企業側の領域がブランド・アイデンティティであるのに対し、顧客側の領域となるのがブランド・イメージである。それは、顧客の心のなかにあって絶えず変化し続けているという意味でダイナミックな存在である。

ブランディングの最終目標は、顧客のブランド・イメージを企業にとって理想的なものに近づけ、購買行動を喚起・安定させることにある。それには、その構造・メカニズムを理解したうえで、適切な働きかけをしていかねばならない。

1　ブランド・イメージの特性

顧客理解がブランディングの原点

ブランドの特殊性の一つに間接性があることを、第2章で指摘した。すなわち、ブランドの価値を決めるのは顧客であり、企業がその価値の増減に直接的にかかわることはできないのである。いかに立派なブランド・アイデンティティを規定しようと、顧客に受け入れてもらえなければブランドとしての価値はない。したがって「ブランドをいかに構築するか」という課題は、「いかにして顧客にブランドを認知してもらい、理解してもらい、共鳴してもらうか」という課題に言い換えられる。

そして、この認知、理解、共鳴のレベルによって、顧客のブランド・イメージは大きく変わり、ブランド構築にも大きな影響を与える。それゆえに、顧客のブランド・イメージを把握し、理解することは、ブランディングの原点といえるのであろう。コンテクスト・

ブランディングが顧客のブランド・イメージを重要な要素に位置づけるのも、そうした理由からである。

マーケティングの世界では、顧客理解の重要性が昔から言われてきた。しかし、そのアプローチはセグメントとしての顧客の理解であり、消費行動パターンや属性、興味対象を調査・分析する程度のものだった。

最近になって「個」としての顧客に焦点を合わせるアプローチが出てきたが、顧客の内面にまで踏み込むものはまだ少なく、ブランド認知に関しても知名度や購入意向率など、表面的なレベルにとどまるものがほとんどである。

コンテクスト・ブランディングにおける顧客理解は、顧客の内面、すなわちその心理や思考活動までも理解の対象に含める。その目的は、顧客のブランド・イメージの構造を把握して課題を発見するだけでなく、顧客の内面にブランドを築く余地と材料（ブランディングに利用する知識やコンテクスト）を探し、今後の可能性を模索することである。

それはけっして容易なことではなく、仮説検証力と洞察力が求められる作業となる。しかし、そこまで深く顧客を理解しなければ、顧客の共感と信頼を得られるブランドは築けないのである。

■ 顧客のブランド・イメージをどう理解するか

顧客のブランド・イメージは、ブランドの無形性、多層性、そして関係性ゆえに、非常にわかりづらい。それは顧客の知識ベースから取り出された表象として存在すると同時に、知識ベースの表層から深層にかけて奥深く存在するものである。顧客のブランド・イメージを正しく理解するためには、その全体を対象にしなければならない。

とはいえ、企業が顧客の心の奥を理解することは難しい。深層に暗黙知として存在しているブランド・イメージを理解するとなると、顧客のブランド経験と同じ経験をしなければならず、現実にはほとんど不可能である。したがってコンテクスト・ブランディングでは、顧客の表象に現れたブランド・イメージを理解することに注力し、そこから心の表層、深層へと洞察していくようにする。なぜなら、ブランド・イメージ調査などに対する顧客の回答はすべて表象に現れたイメージを表現したものだからである。そして、表象に現れたイメージは心の奥にあるブランド・イメージを反映しているからである。

湖に小石を投げ込むと水面に波紋が広がるが、石の大きさや投げ込む角度によって、波紋の形は変わってくる。そして波紋の形や水面の様子から、水の深さ、水面下の水の流れなどを推測できる。表象に現れるブランド・イメージはこの波紋のようなものだ。湖は顧客の知識ベースであり、ブランド・イメージは湖のなかにあるものだが、石を投げ込んだときの波紋によってそれを探ろうというわけである。

顧客の心のなかにあるブランド・イメージを形成する連想のうち、想起されたものが表象にブランド・イメージとして現れる。それを理解するには、ネットワーク化されたブランド連想間の関係性を、コンテクストに着目して読み解いていかなければならない。Aという連想がBという連想と結びつくことで意味が生まれる。また、Bという連想がCという連想に結びつくことにも意味がある。その意味を規定するのはコンテクストである。したがって、コンテクストを一つひとつ解釈することで、ネットワークになったブランド・イメージを理解することができるのである。

ただし、顧客の心の奥にあるブランド・イメージを洞察するためには、表象のブランド・イメージをより深く理解しなければならない。そこで、より多くのブランド連想を顧客の心のなかから引き出せるように仮説を立て、視点・角度をさまざまに変えながら顧客に質問を投げかけていく。そして、できるだけ多くのコンテクストを読み取ることで仮説を検証し、表象にあるブランド・イメージへの理解を深めていくのである。この作業は、根気のいる仮説検証のプロセスである。しかし、この作業をないがしろにしては、本質的なブランド・イメージへの洞察は得られない。

表象としてのブランド・イメージを理解できたら、そこから顧客の心の奥深くまで入り込み、知識ベースにあるブランド・イメージを洞察していく。それには、その構造を知る必要がある。これまで心理学、とりわけ消費者心理学の分野では、研究者自らの心の内省と、心理実験の参加者の表象に現れるブランド・イメージを分析することによって、ブランド・イメージの構造に関する洞察を深めてきた。それをもとに、我々はブランド・イメージの構造をモデル化した。次に、その詳細を紹介しよう。

2 ブランド・イメージの構造モデル

ブランド・イメージを構成する要素は、第4章で紹介したブランド・アイデンティティの構成要素と重なるものが多い。それは、ブランド・アイデンティティが企業によるブランドの自己イメージであるからだ。

図5－1はブランド・イメージの構造を図式化して示したモデルである。これを見るとわかるように、コンテクスト・ブランディングでは、深層部から表層部にかけて分布する要素によってブランド・イメージは構成され、それらが何らかの理由で想起されると表象に現れてくると考える。

以下で、それぞれの構成要素の役割と要素間の関係性、購買行動につながるメカニズムを明らかにしていこう。

図5-1◉ブランド・イメージの構造モデル

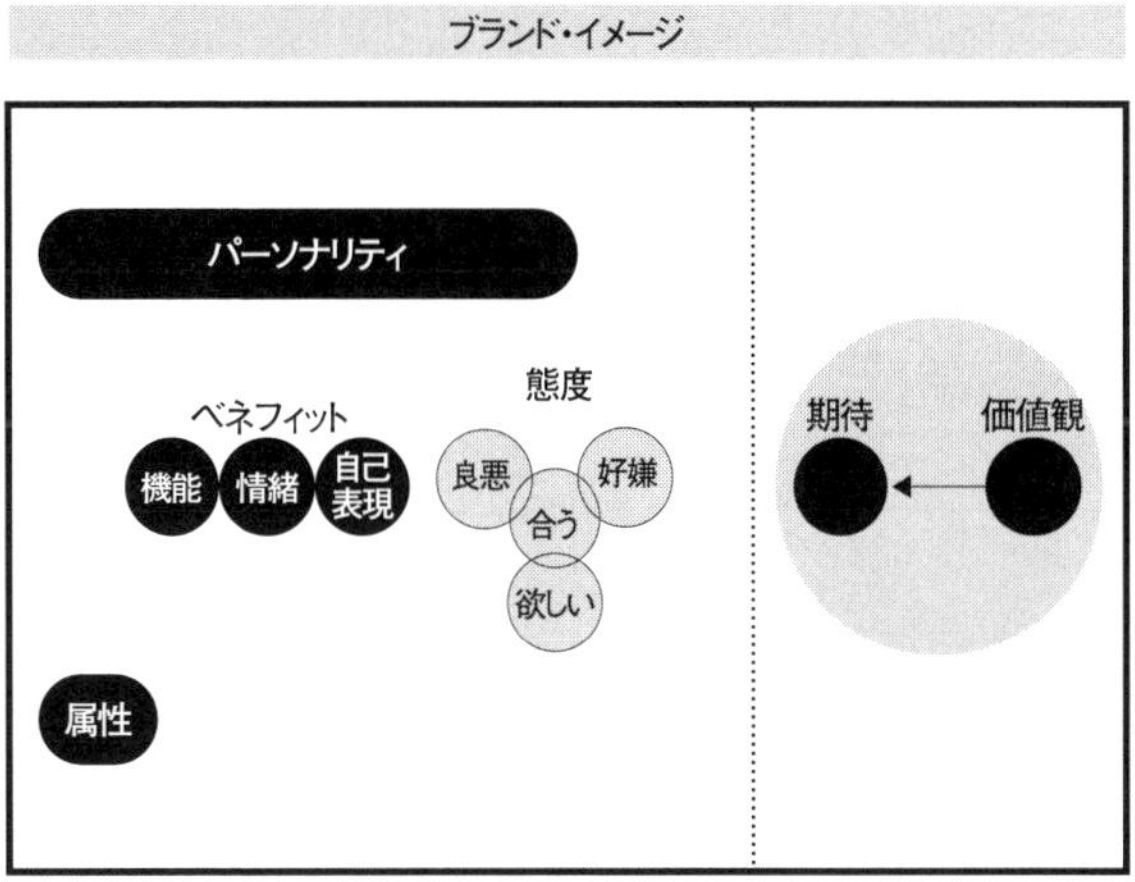

■ 価値観と期待

顧客のブランド・イメージの根底にあるのは顧客の価値観にかかわるものである。企業のブランド・アイデンティティにおいても、根底にはフィロソフィーがあり、価値観はその一部であると説明した。したがって、顧客の価値観と企業もしくは商品の価値観が共鳴したときに、両者は強固な関係で結ばれる。ただし、価値観が共鳴するほどの関係は人間同士でも稀であり、ほとんどの場合は比較的表層にある要素のレベルでつながる関係になる。

価値観は、人がさまざまな価値判断を下す際の基準となるものであるから、人間の生活行動から人生設計まで、生活の幅広い領域に投影されることになる。価値観をコンテクストの視点で考えると、人生や生活における基本的なコンテクストを形成するための基準となるものと解釈できる。すなわち、コンテクストの起点になるものである。

価値観は、「親しい人と一緒にいたい」（親和欲求）「新しいことを好む」（変化欲求）「常に話題の中心にいたい」（自己顕示欲求）「他人の干渉を嫌う」（自律欲求）など、さまざまな欲求の優先順位を状況に応じて決めていく際の判断基準となるものである。我々は、欲求自体をブランド・イメージの要素とは考えず、このあと説明する期待やベネフィットといったブランド・イメージの構成要素を形成するコンテクストととらえる。

たとえば、「常に話題の中心にいたい」という欲求を持った人と「他人の干渉を避けたい」という欲求を持った人が、それぞれパブに行こうとしているとしよう。この場合、価値観に基づいて、前者は自律欲求よりも自己顕示欲求を、後者はその逆を優先していると考える。そして、パブというお酒を飲む場所に対し、前者は仲間と雑談をして楽しく過ごせることを期待しており、後者は静かに独りの時間を持てることを期待していると推量できる。

このように、価値観が違えば顕在化される欲求は異なり、対象への期待も当然違ってくるのである。つまり、パブに対して同様に好意的なイメージを持っていたとしても、自分の欲求を満たすための手段となる「パブ」への期待は異なりうる。これをコンテクストでとらえると、たとえば前者は「パブ→仲間との雑談→楽しい時間」というコンテクストで、後者は「パブ→独りになれる場所→日常生活とは異なる時間」というコンテクストで、それぞれパブのイメージを形成しているのである。

このようなコンテクストの違いに着目すると、ターゲットに設定する顧客によって、その期待を満たすために何を提供すべきかがわかってくる。前者をターゲットにするなら、客同士の会話を弾ませるための装置（大きなテーブル、明るい照明、軽快なBGM等）や週替わりのイベントなどが必要になろう。一方、後者をターゲットにすれば、美味しいお酒と酒肴、落ち着いて飲める店の雰囲気が必須になる。

このように価値観と欲求、期待は密接な関係にあるが、ブランディングにおいては、とりわけ期待に着目する。なぜなら、それをもとに顧客はブランドへの態度を決定するからである。

企業のブランド・アイデンティティと顧客のブランド・イメージの構造を比べてほしい。「価値観」はどちらの場合も根底にあったが、ブランド・アイデンティティではそれを「ビジョン」「ミッション」と合わせてフィロソフィーとして考えた。ブランド・イメージでは、それを「期待」との結びつきで考えるのである。

企業は価値観を含むフィロソフィーをベースに、企業ブランドであれば社会に対しての、商品ブランドであれば顧客に対してのあるべき姿、達成したい姿（企業が考えるブランドの理想の姿）を想定する。一方、顧客は自らの価値観に基づいて、対象とするブランドへの期待（顧客が想定する理想の姿）を持つ。企業側は提供するものがある程度決まっているが、顧客は対象とするものを自由に決めることができる。つまり、生活に関するものすべてが対象となるのだ。そのなかで、企業は顧客の期待を実現するための手段として自社ブランドを想起し、選択してもらわなければならないのである。

■表象としてのブランド・イメージ

企業からのメッセージをはじめとして、外部から入ってくるブランドに関するさまざまな情報は、顧客の知識ベースと反応し合って、表象としてのイメージを形成する。この場合、外部からの情報（身体感覚的な刺激も含む）を受けて、まずパーセプション（インプット情報の複雑さによって「感覚」「知覚」「認知」などと訳される）が形成されてから、知識ベースのなかのブランド・イメージなどが想起されて思考可能な表象としてのブランド・イメージが形成されることが多い。

一方、外部からのインプットがなくても、内的な動機からブランド・イメージが想起され、表象に現れることもある。たとえば、「車を買い替えようかな」などと思ったとき、思い浮かぶ車種やブランドがあるだろう。その場合は、内的な要因によって表象としてのブランド・イメージが形成されているのである。

いずれの場合も、表象として現れるブランド・イメージは、知識ベースにあるブランド・イメージを反映したものである。つまり、心の比較的深層にあると考えられる価値観と期待、比較的表層にあると考えられる属性、ベネフィット、パーソナリティ、そして、それらを関係づけている態度から成る構造を反映した構成になる。一般に、言葉で説明されたり図などに描かれたりするのは、この表象としてのブランド・イメージである。

属性、ベネフィット、パーソナリティは心の比較的表層にあるため、表象に反映されやすい。これらがブランド・アイデンティティの構成要素になっている一つの理由はそこにある。もちろん、顧客の表象に現れたイメージはあくまで顧客の知識ベースを反映したものであり、企業がメッセージとして発信したとおりのものであることはまずない。

たとえば自動車メーカーが「快適なドライブ時間を過ごせる」というベネフィットをメッセージで訴えたとしよう。それを知った顧客の一人は「静かでゆったりとしたドライブ」をイメージするかもしれないし、別の顧客は「スピーディでパワフルなドライブ」をイメージするかもしれない。またある顧客は「高性能カーオーディオで音楽を聴きながらのドライブ」をイメージするかもしれない。そして、それぞれの期待に従ってそのクルマに関するイメージを膨らませるのである。

それはベネフィットだけでなく、属性やパーソナリティについてもいえる。ここではもう一つ、パーソナリティについての例を考えてみよう。いくら企業が「誠実で」「気配りのある」パーソナリティでブランドを打ち出しても、なかなか額面どおりには受け止めてもらえない。顧客は自分の価値観や期待に基づく判断でそのブランドに対するパーソナリティのイメージを築いてしまうからだ。もしその企業が過去に贈賄の疑惑を持たれたことがあり、それを顧客が記憶していれば、顧客はその企業に対し「不誠実で」「自分勝手な」パーソナリティを感じ取り、ブランドにも同じイメージを抱いてしまうだろう。

顧客の知識ベースの表層にあるブランド・イメージの三要素は、ブランド・アイデンティティの構成要素と同じように、緩やかな連関を持っている。したがってそれを理解するには、コンテクストとして見たときの要素間の関係性を洞察しなければならない。

■ 態度

顧客は、自分がそのブランドに対して抱く期待と、そのブランドに関するさまざまなインプット情報から形成されるパーセプションもしくは表象としてのブランド・イメージを対照し、ブランドに対する態度を形成する。それが意識的に行われることもあれば、無意識的に行われることもあるが、いずれにせよ態度が購買行動につながるのである。

コンテクスト・ブランディングでは、態度を四つに分けて考えている。「良い・悪い」という品質や性能にかかわる態度、「好き・嫌い」という好ましさにかかわる態度、そして自分の価値観やライフスタイルなどに「合う・合わない」という適合性にかかわる態度の三つと、それらが統合された結果生まれる「欲しい・欲しくない」という欲求にかかわる態度の四つである。これらの態度は、「買う・買わない」という行動の意思決定につながる。

先の三つの態度が、欲しい・欲しくないという態度と、買う・買わないという意思決定にどのように影響を与えるのかは、調査により定量的に把握することができる。言い換えれば、その影響力を把握することにより、購買行動を高めるために顧客のどの態度項目を高めればよいのか、そのためには表層にあるイメージの三つの要素、すなわちパーソナリティとベネフィット、属性の何を、どう顧客に伝えればよいのかを検証することができるのである。

3 ブランド・イメージのダイナミズム

顧客の持つブランド・イメージはさまざまな要素から形成されているが、それが固定化されることはない。それはまるで生き物のように、日々変化している。そのため、魅力的なブランド・アイデンティティを設定し、大胆なコミュニケーション活動で顧客に理想的なブランド・イメージを形成させることに成功しても、多くの場合、それは時間の経過とともに変わってしまう。

その理由はいくつかある。まず、顧客がそのブランドを体験することで新しい知識が獲得されれば、知識ベースのなかにあるブランド・イメージも更新されるからだ。また、企業や競合が発信するメッセージや社会情報が顧客にインプットされることで、表象にイメージが形成される際に使われるコンテクストが変わるからである。この場合、表象のイメージだけが変化することもあれば、インプットが新しい知識として獲得されて知識ベースにあるイメージ自体が変化することもある。

イメージとコンテクストのダイナミズム

顧客のブランド・イメージに対し、企業が発信するメッセージは大きな影響力を持つ。メッセージとしては、商品そのもの、広告コミュニケーション、サービス、価格などが考えられるが、もし顧客がそのブランドに対して好意的な態度を持っているなら、それらのメッセージは積極的に認知され、新しい知識となって知識ベースを更新する可能性が高くなる。

特に新しいブランドが購買され使用されることになれば、ブランド・イメージは大きく更新されるだろう。経験することは、ブランドのメッセージをじっくりと深く受け取ることである。経験を通して獲得された知識の影響力は強く、知識ベースにあるブランド・イメージを変えるだけでなく、新たなコンテクストとして機能することによって表象としてブランド・イメージが形成されるプロセスをも変えてしまうことがある。

たとえば、「カッコいい」という情緒ベネフィットを感じてある腕時計を購入したとする。ところが、その腕時計を使用しているうちに、それが気に入って買ったはずの重厚感が、単に重くて使い勝手の悪いものと感じられるようになることがある。この場合は、ブランドから得られる情緒ベネフィットがなくなり、そもそも機能ベネフィットはなかったために、当人のブランド・イメージはいっきに悪化してしまう。反対に、機能性だけを重視して買った鞄が、他人から「似合ってるね」と言われてお気に入りになったり、使っているうちに馴染んできて自分らしさを表現するアイテムとなったりすることがある。この場合は、機能ベネフィットしか評価していなかったブランドが、情緒ベネフィットや自己表現ベネフィットももたらしてくれるようになったわけで、当然、ブランド・イメージはより好ましいものになる。

このように、顧客のブランド・イメージは、顧客が経験などを通じて獲得する新しい知識によって更新される。そして、次にそのブランドに関する情報に接したときには、それらの知識が新たなコンテクストとして機能し、その情報の意味合いさえも変えてしまうのである。したがって、顧客のブランド・イメージを常に追跡しながら、より良いコンテクストとなるようなブランド知識を提供するようにしなければならない。

競合ブランドによるコンテクストの変化

言うまでもないことだが、競合企業も顧客にブランドのメッセージを発信している。もし、競合ブランドが画期的なベネフィットを訴求してきたら、それまで顧客のブランド・

イメージにあった自社ブランドのベネフィットを強調するコンテクストが弱まり、自社のブランド・イメージと競合のそれが顧客の心のなかに占める割合が変わってしまうこともある。自社と競合のブランドは、顧客の心のなかで常にコンテクストの争奪戦を行っているのである。したがって自社のコンテクストだけでなく、競合のコンテクストについても十分に注意していなければならない。

たとえば、アサヒ〈スーパードライ〉は、コンテクスト・ブランディングの観点から言えば、きわめて戦略的にコンテクストを構築しているブランドである。発売当時は、「スーパードライ⇕ドライビール」のコンテクストを構築して、ドライビールのカテゴリーを創造した。その後「スーパードライ⇕生ビール」といったコンテクストを強化し、さらに「スーパードライ⇕ビール」といったコンテクストの構築を目指している。それまで他社が築いていたコンテクストを、見事に引き込んだのである。しかも、販売数拡大の実績によりコンテクストが強化されている。

競合他社は、ビールカテゴリーではスーパードライが創造したコンテクスト（「ドライ」「辛口」「鮮度」などのコンセプトからのコンテクスト）を自社に引き込むのが難しいため、発泡酒のカテゴリーでそれを争奪しようと、積極的に商品戦略に出ているように見える。

■社会的なコンテクストの変化

ブランド・イメージに影響する情報のなかで、企業のメッセージや競合のメッセージと並んで重要な要因が、メディアからの情報である。メディアからの直接的・間接的な情報によってブランドに対する視点が一変する可能性がある。

高度情報社会になり、メディアもこれだけ多種多様になると、生活のなかでもさまざまなルートで情報に接することになる。たとえば、あなたが株を所有している会社が大きな不祥事を起こしたとしよう。速報で知りたければ携帯電話の有料・無料サイトで確認できるし、インターネットのサイトでは、アナリストのコメントを見ながら詳細な株価動向をたどることができる。その後、テレビの報道番組を観ると解説者が事件の動向を分析してくれ、翌朝には各新聞で報道される。

最近の傾向として、一つのニュースが、各種メディアから時系列で流れ込んでくるようになったことが挙げられる。しかも、それぞれに論評が付されており、ある意図が組み込まれた情報となっている。また、マスメディアから提供される情報だけでなく、インターネットや携帯電話などを利用したコミュニティ内や仲間内の情報交換も盛んである。

これだけメディアが重層的になると、一つの情報が多義的に扱われると考えがちだが、実際には各メディアの主張や評価が同じになり、情報の意味づけが固定化されてしまうことのほうが多い。つまり、どのメディアからも同じ意味を持った情報が流れてくれば、それを疑うことなく受け入れてしまうのだ。当然、情報への接触頻度が高まれば、意味づけの速度も非常に速くなる。それは、ある情報が短期間のうちに、あるコンテクストから導かれる評価によって一義的に意味づけされる危険性があることを示唆している。

もう一つの傾向は、メディアで一定の評価を得ている対象に対して、メディア自身がその評価を変えることで新たなコンテクストを顕在化させ、ニュース性を得ようとするようになったことだ。つまり、社会のコンテクストは、短期間で固定化される可能性がある一方で、短期間で一変されてしまう可能性もあるのだ。

たとえば、麦一〇〇%のビールについて考えてみよう。日本では、麦一〇〇%と言われてピンとくる、つまりその意味がわかる顧客は少なかった。ビールの本場ドイツでは、ビールは麦一〇〇%でなければならないと法律で定められており、厳格な意味を持っている。ドイツでは「ビール→麦一〇〇%」というコンテクストが社会で共有されているのである。

ところが日本でも、ある本にビールの副原料に問題があるとの情報が紹介されたことから、新たな社会的コンテクストが形成されたことがある。すなわち「麦一〇〇%」は「副原料を使用していない」の意味になり、麦一〇〇%ビールがにわかに注目されだしたのである。副原料の問題の真偽は別にして、社会的なコンテクストが変わったことで、麦一〇〇%ビールのブランド・イメージが変わったことは事実である。

このように、まったく予期せぬ社会的な情報がブランドの情報環境を変えることは非常に多い。そして、ブランドのコンテクストが社会的なコンテクストに依存しているブランドの場合、情報環境の変化は致命的な問題となりうる。

たとえば、あるミネラル・ウォーターが、「X地方の大自然から生まれた天然水」をブランド・イメージとして持っていたとしよう。X地方はだれもが知っている自然豊かな地域であるが、その近くに産業廃棄物の処理場が建設され、それが自然を破壊しているという新聞記事が出ると、このブランドは致命的な打撃を受けてしまう。この場合、ブランドに確固たる機能ベネフィットがあったわけでなく、「自然」という連想を「X地方」とのつながりだけに頼っていたからであるが、同じような状況にあるブランドは少なくないだろう。

4 ブランド・イメージの把握

顧客のブランド・イメージを把握する目的は、顧客のブランド知識を洞察し、新しいブランド知識を創造したり、新たなコンテクストを機能させたりする可能性を探り、最終的に理想のブランド・イメージをつくり出すことにある。

それでは、複雑な構造を持ち、かつダイナミックに動いている顧客のブランド・イメージを、どのようにして把握していけばよいのだろうか。

表象のブランド・イメージから全体構造を把握する

先述したように、顧客の心の深層部から把握することはかなり難しいが、その全体構造をつかむことはブランド連想がどのようなコンテクストでつながっているのかを解釈するうえで重要となる。顧客のブランド・イメージを把握するためには、ブランド・イメージ調査を徹底して行うしかないが、その際に、調査の直接の対象となっているのは表象のイメージであり、そこから顧客の心のなかにあるブランド・イメージを洞察しなければならないことをしっかりと認識すべきである。

表象のイメージを探るには、ブランド・イメージ構造モデルに照らして、顧客のイメージの構造を見ていく。すなわち、顧客がブランドの属性、ベネフィット、パーソナリティについて、それぞれどのようにイメージしているかを調べる。ここでのポイントは、ブランド連想の質と量を見て、構造上のどこに問題があるかを把握することである。そして、それをもとに、顧客がブランドに対して抱いている期待を洞察し、想定する。

だが、多数の顧客のブランド・イメージを手当たり次第に調べることは効率的ではない。焦点を定め、そこからのイメージの広がりを観察することから始めるべきだ。第3章で紹介したアセロラドリンクのブランド・イメージの把握も、まず、アセロラドリンクからのブランド連想をくまなく見ることから始めた。それにより、「ビタミンC」「体に良い」「赤い果実」「甘酸っぱい」の連想が見え、属性、機能ベネフィットの要素が現れた。そしてこの時点で、「ビタミンC→体に良い」「甘酸っぱい→体に良い」といったコンテクストが洞察された。

定点からの観察・推論により洞察を引き出したら、観察地点を移動させ、新たな観察を行う。これを繰り返して、見えてきたブランド・イメージの要素（連想されるコンセプト）とそのつながり（コンテクスト）をブランド・イメージの構造モデルに当てはめて整理することで、全体構造をコンテクストによるつながりとして把握できるのである。

顧客のブランド・イメージがダイナミックにどう変化するのかを想定するには、心の深層にある価値観まで推察し、知識ベースにあるブランド・イメージを把握することが重要である。表象としてのブランド・イメージを見て知識ベースにあるブランド・イメージを推察することは、望遠鏡で宇宙を見るのに似ている。望遠鏡を通して見る宇宙は平面的であるが、実際には深い構造を持ち、その構造は常に変化している。変化の範囲や方向性は、もとの構造を理解して洞察しなければ予測できないのである。

■ 現状と理想のギャップを把握する

戦略顧客または潜在顧客の購買・消費行動を、企業が望む理想的な行動に変えるためには、まず、戦略顧客の現状のブランド・イメージを、理想とするブランド・イメージに変える必要がある。

したがって、顧客のブランド・イメージを把握する際も、現状と理想のブランド・イメージを比較しながら見ていくことが有効である。そうすれば構造への洞察がより多く得られ、そこから現状と理想のギャップを解決するためのヒントが得られるからである。

ここで問題となるのは、理想のブランド・イメージをどのように設定するかである。ブランド・アイデンティティを、即座に顧客が持つべき理想のブランド・イメージとして設定するのは安易にすぎる。

新規ブランドの場合は、理想のブランド・イメージも、ブランド・アイデンティティと同様に企業が自らの考えをもとに描かねばならない。また、既存ブランドに活力がなくなり、まったく新しい方向でブランド・イメージを構築したいという場合も同様である。

そうしたケースではなく、既存ブランドを強化したいときは、基本としては、現在そのブランドに対して理想的な購買行動をとっている顧客層（ロイヤルユーザー、ヘビーユーザー）を特定し、そのブランド・イメージを理想のものとするのが現実的である。そしてそれを戦略顧客のブランド・イメージと比較検討するのである。ただし、漠然と比較しても連想量の差ぐらいしか見ることができない。ブランド・アイデンティティをしっかりと把握したうえで比較しなければ、せっかく抽出した要素を解釈できずに見過ごしてしまうことになる。

また、現状と理想の単純比較ではなく、コンテクストに着目してブランド・イメージの構造を読み取ることが必要だ。そして、ブランド要素間の関係を目的―手段の連鎖で関連づけたり、属性・各ベネフィットの階層別で関連づけたり、ブランド要素間のコンテクストの対称性・非対称性を検討したりして、ブランド連想の意味を解釈していくのである。

5 ミツカンに見るブランド・イメージの洞察

顧客のブランド・イメージからブランド・アイデンティティを規定したり、コミュニケーション施策に活かせるコンテクストを創造したりするためには、顧客がブランドに対して持つさまざまな連想の意味を戦略的な視点を持って読み取り、洞察を加えることが必要である。その方法を、食酢のトップブランドである〈ミツカン酢〉のケースを通して考えてみよう。

周知のとおり、ミツカン酢は食酢カテゴリーにおいて圧倒的なシェアを誇るブランドである。顧客の心のなかには「食酢⇕ミツカン酢」といった強固なコンテクストが形成されており、トップブランドとして最も重要なブランド連想を獲得している。しかし、ブランド・イメージはさまざまな要因で変化するため、その安定化を図るためには常に検証し、適切に管理していかなければならない。その作業を通して、ブランド・アイデンティティを規定・再考するための手がかり、ブランドを取り巻く環境変化に応じて必要となるコミユニケーション施策へのヒントも得られるのである。

■ 食酢カテゴリーのイメージ調査

ミツカンは、日本でブランド戦略の重要性が唱えられた初期段階からその必要性を理解し、その時々で先端の方法論を導入しながらブランドの維持・管理に努めてきた企業である。今日、「お酢といえばミツカン」と言われるほどに強力なブランドを構築できているのは、高度な技術力に支えられた商品の品質もさることながら、ブランドを大切にする企業姿勢を一貫して持ち続けてきたからである。

同社の創業は江戸後期の文化元年（一八〇四年）であり、今日、日本の食文化を代表する握りずしのルーツに深くかかわっている。

すし（鮓）という食べ物は江戸以前からあったが、それは塩漬けにした魚介を飯と一緒に長時間漬け込んで発酵させたものだった。食べるのは魚介類だけで、飯はあくまで発酵用の媒体にすぎなかった。それが時代を経て押しずしのようなものに変わっていったが、それとは画期的に異なる握りずしが生まれたのは、すし職人・華屋與兵衛の独創性と、ミツカンの創始者・初代中野又左衛門が開発した粕酢の出会いがあったからだ。

当時、尾張国知多郡半田湊で造り酒屋を営んでいた又左衛門は、江戸の町で流行っていた熟れずしに着目し、すしに使う酢を酒粕からつくることを思いついた。そうして開発されたのが粕酢である。一方、與兵衛は、手軽につくれて簡単に食べられるすしはないものかと試行錯誤を繰り返していた。やがて、粕酢の評判を聞きつけた與兵衛は、これを飯に混ぜて手で握り、その上に魚介を載せて口に放り込む食べ方に思い至ったのである。與兵衛が考案した握りずしはたちまち大評判となり、「江戸前鮨」として江戸の町を席巻するまでになった。それと同時に又左衛門の粕酢も、すしに不可欠の調味料としてその名を知られるようになった。つまり、ブランドとなったのである。

このように、ミツカン酢のブランドもまた、江戸時代までその起源を逆のぼることができる、超ロングライフ・ブランドなのである。それが今日でも人々の心のなかに確固たる位置を占めているのは、ミツカンがブランドの維持・活性に関し、並々ならぬ努力を重ねてきたからにほかならない。トップブランドとしての不動の地位を築いた後も、同社はその検証を怠ることなく、時代や社会の変化に適応できるように活性化してきた。ここで取り上げたブランド・イメージ調査も、そうした目的から実施されたものである。

ただし、この調査ではミツカン酢のブランドそのものではなく、食酢というカテゴリーに対する顧客のイメージを調べることに重点を置いている。トップブランドは、属するカテゴリーとの関係が特に強くなる。したがってブランド・イメージを検証する場合も、ブランド固有のイメージだけでなく、カテゴリーとしてのブランド・イメージも同様に重要になるからである。

ヘビーユーザーと減少ユーザーのイメージ比較

ブランド・イメージの構造を洞察し、そこから課題を発見していくには、多義的にブランド・イメージを見なければならない。また、戦略顧客のブランド・イメージだけを見ても課題はわからない。理想とするブランド・イメージと現状のそれを対比できるように対象とする顧客を設定し、両者のギャップをつぶさに見ていくことが必要なのである。

ミツカンでは、まずユーザーの食酢使用量を調査した。その結果、四〇代と五〇代の主婦層がボリュームゾーンであり、最近になって四〇代で使用量が減少傾向にあることがわかった。そこで、四〇代の主婦層をターゲットに、依然として食酢の使用量が多い「ヘビーユーザー」と、最近使用量が減少している「減少ユーザー」について、食酢のイメージがどのように違っているのかを調べることにした（調査対象者二七〇名）。つまり、ヘビーユーザーのブランド・イメージを理想のものと想定し、減少ユーザーのイメージを現状と考

図5-2◉［現状］40歳代の減少ユーザーの食酢に対するイメージ

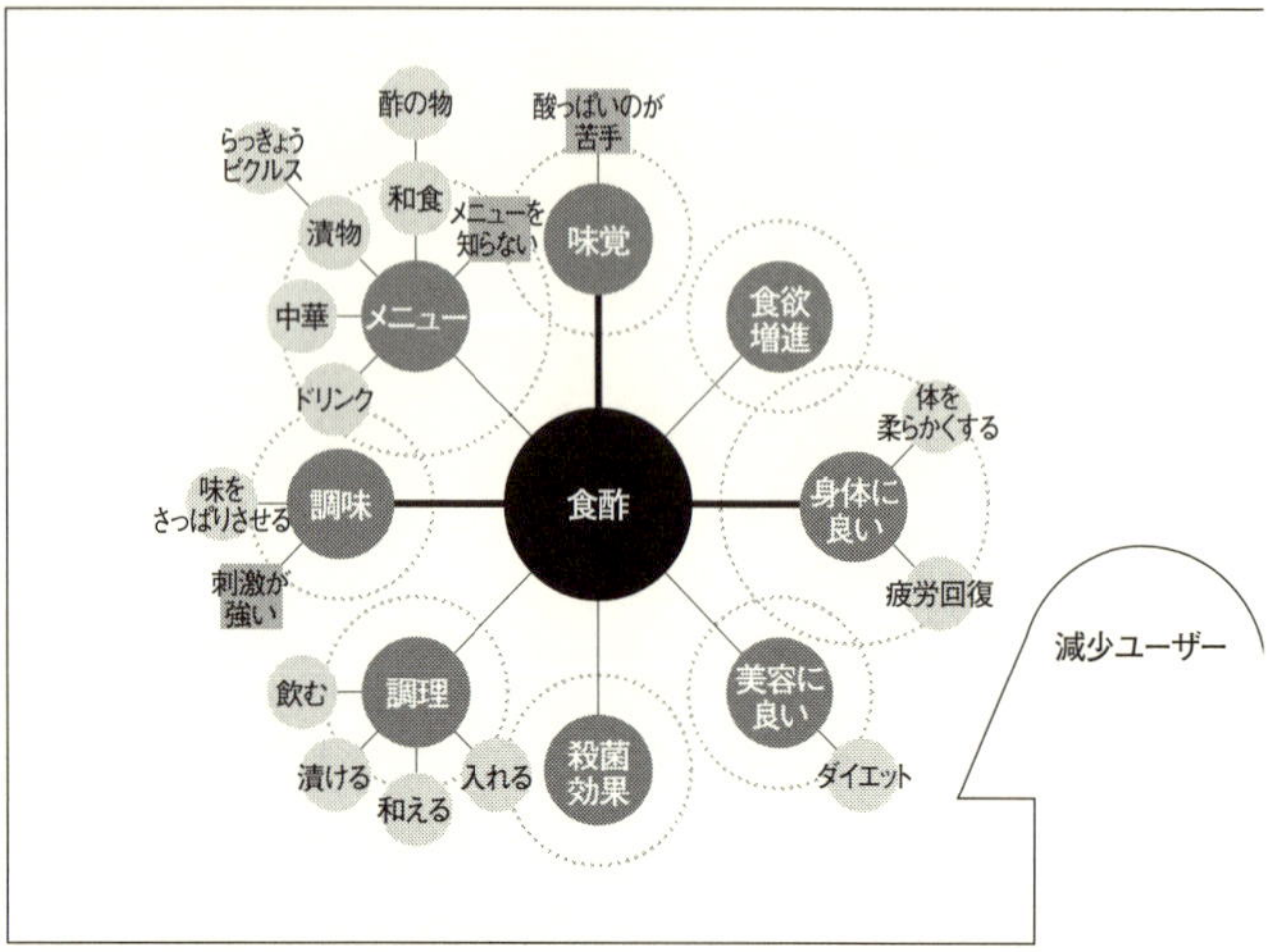

えることにしたのである。

イメージ調査では、食酢から連想されるものを自由回答で答えてもらい、テキスト解析を行った。具体的には、調査対象者から出されたさまざまな回答を、両者に共通する「身体に良い」「美容に良い」「殺菌効果」「調理」「調味」「メニュー」「味覚」「食欲増進」の八つの項目で分類し、項目間の関係性を考慮して配置した。**図5－2**が減少ユーザー、**図5－3**がヘビーユーザーの食酢に対するイメージである。

減少ユーザーの場合、食酢に関して「身体に良い」という知識はあるものの、その内容は漠然としている。調味に関しても「味をさっぱりさせる」と

図5-3◉［理想］40歳代のヘビーユーザーの食酢に対するイメージ

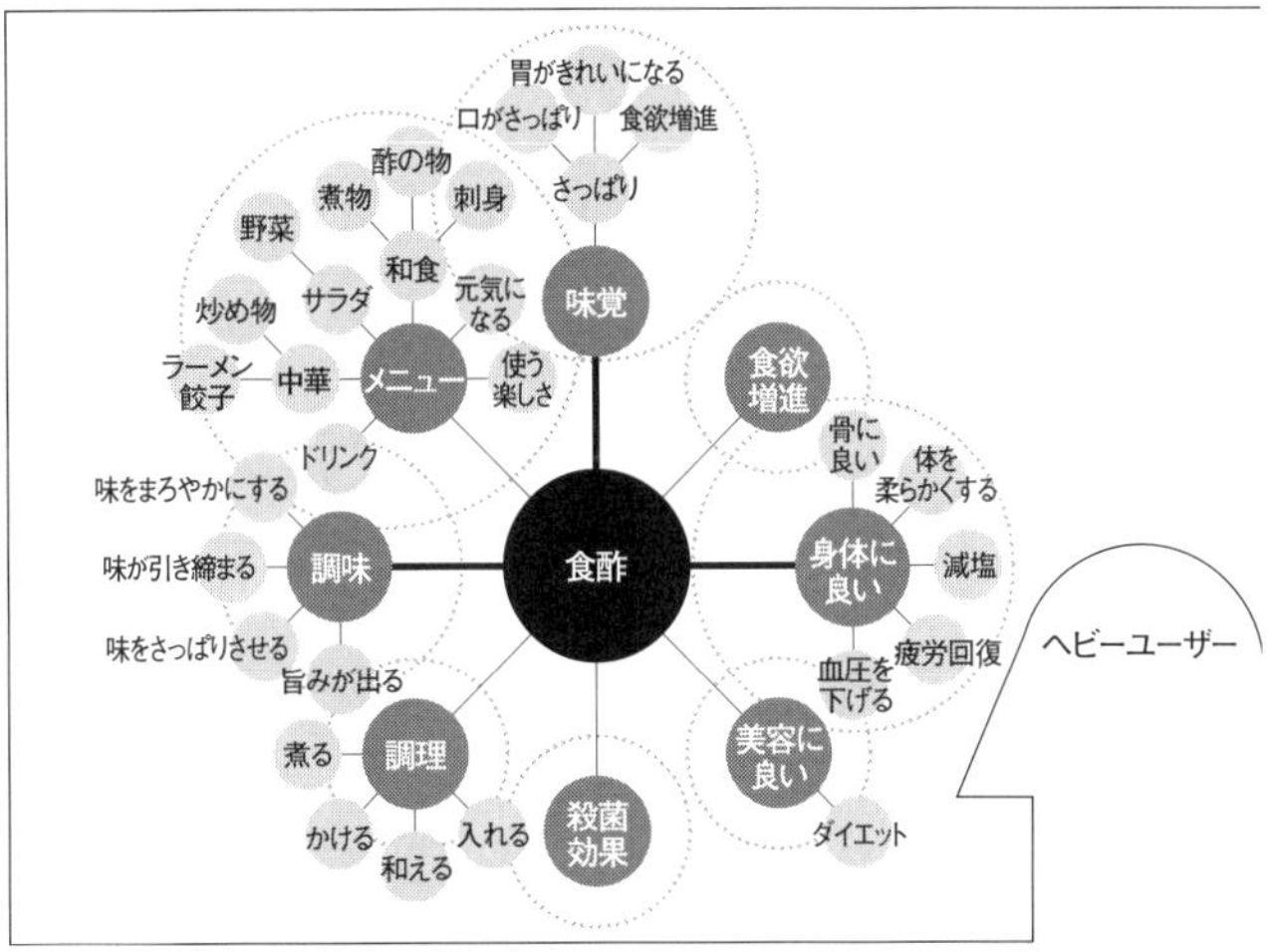

いう知識しかなく、「刺激が強い」というマイナスの連想が出ている。さらに、食酢の酸味に対して苦手意識を持っていることもうかがえる。

それに対してヘビーユーザーは、全体的に連想が豊富である。健康面の知識では「血圧を下げる」「骨に良い」「減塩」など、減少ユーザーには見られない回答があり、さまざまなブランド知識を持っていることがわかる。特に「メニュー」については減少ユーザーよりもはるかに連想が豊かで、「使う楽しさ」「元気になる」といった情緒ベネフィットにもつながっている。

さらに「調味」においても、ヘビーユーザーには「味をまろやかにする」

「旨みが出る」などの連想がある。これらはヘビーユーザーならではの豊かな経験からつくり出された連想といえる。

基本的に、ブランド・イメージは広がりがあるほうがよい。なぜなら、そのなかに連想品質の良いものがあり、それがブランド・ロイヤルティにつながっているケースが多いからである。おそらくミツカンの場合も、豊かな連想を持つヘビーユーザー層は、ミツカン酢に対してブランド・ロイヤルティを持っているものと考えられる。

■ イメージのギャップを読み解く

以下、この調査結果をベースに、筆者なりの洞察を加えてみる。まずはヘビーユーザーと減少ユーザーのイメージギャップを見てみよう。

両ユーザーは共に、「身体に良い」「美容に良い」「殺菌効果」「調理」「調味」「メニュー」「味覚」「食欲増進」の八つのイメージを持っているわけだから、イメージで見る限り、ブランド知識の種類としての差はないといえよう。一方、連想の広がりは、ヘビーユーザーのほうが格段に大きい。イメージの広がりに差があり、イメージの種類は同じであるから、個々の分類内におけるイメージの量と質を検証することで、課題を見つけられる可能性がある。

たとえば、「調味」「調理」「メニュー」の連想から、以下のようなコンテクストが解釈できる。「調味」では、減少ユーザーが「味をさっぱりさせる」と食酢から直接味覚できる機能にとどまったのに対して、ヘビーユーザーは、「味が引き締まる」「旨みが出る」「味をまろやかにする」など、食酢をいろいろな料理に使うことで初めてわかる奥深い連想を持っている。この差が「調理」に関連しており、減少ユーザーは「味をさっぱりさせる」という機能を活かして、「入れる」「和える」「漬ける」「飲む」といった用途で使用している。一方、ヘビーユーザーはそれらに加えて、「旨みが出る」「味をまろやかにする」などの効果を期待して「煮る」「かける」といった調理方法を取り入れている。

これは、メニューの連想とも関連づけて解釈できる。減少ユーザーはメニューの連想が乏しく、「メニューを知らない」というマイナス連想がある。それに対してヘビーユーザーは、和食で「煮物」や「刺身」、中華で「炒め物」などの連想を持っており、「調味」と「調理」でコンテクストを形成していると考察できる。

こうしたイメージギャップを把握することから、食酢のカテゴリー活性化に役立つコンテクストが見えてくる。まず、調味、調理、健康の三つの機能とメニューの知識に関連性があることから、身体に良く美味しい料理のメニューから食酢へのコンテクストがつくれそうである。また、ヘビーユーザーのように調理に関する豊富な知識を持ってもらえれば、情緒ベネフィットや自己表現ベネフィットにつながる連想が広がる。さらに、「食酢」から「身体に良い」というコンテクストは確立されているので、「身体に良い」から「食酢」へのコンテクストを確立できれば、顧客のブランド・イメージを強化することができる。

また、減少ユーザーのイメージにある食酢の酸味に対する抵抗感を弱めるには、メニューや調味、調理に関するコンテクストをどんどん打ち出し、ヘビーユーザーのように調理・飲食経験を豊かにしてもらえばよい。そうすれば、食酢の酸味が「食欲増進」「使う楽しさ」「口の中がさっぱりする」といった連想のなかで再定義されることになるだろう。

■食酢に対する顧客のイメージ構造

カテゴリーとしてのブランド・イメージへの洞察から食酢に対する顧客(ヘビーユーザー)のイメージ構造を推察すると、以下のようになるだろう。

図5-4を見てほしい。まず期待から説明するが、ここでは顧客の連想の分類と、そのなかでベネフィットと認識している項目に注目した。顧客がベネフィットと認識することは、少なからず期待をしていると考えられるからだ。その際、四〇代主婦の重視する価値

図5-4◉食酢ブランド・イメージ

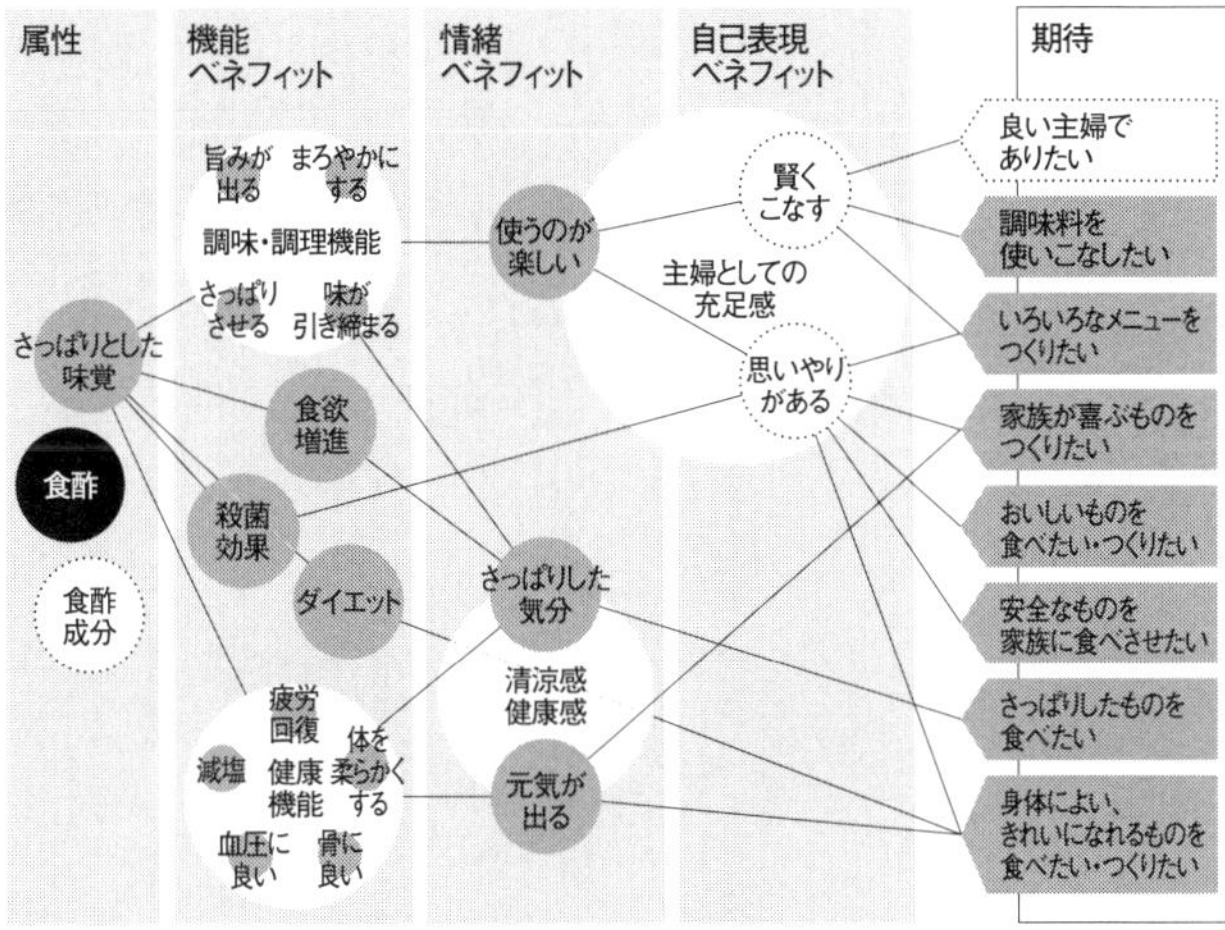

観を「家族が喜ぶものをつくりたい」「安全なものを家族に食べさせたい」とし、対象を「食生活」と仮定した。

「良い主婦でありたい」といった期待は調査からは直接読み取りにくいが、「(食酢を)使うのが楽しい」といった情緒ベネフィットが「(食酢は使いこなしが難しいのに)賢くこなす」と「思いやりがある」といった自己表現ベネフィットにつながっていると推論すると、そこから顧客の期待として「料理上手な良い主婦でありたい・思われたい」が浮かび上がってくる。

属性については、この調査ではほとんど記述がない。「味覚」に関するものが唯一であり、「食酢の成分」などはまったく出てこない。そのことから、以下の点が推察できる。健康機能や調味・調理機能へつながる属性が味覚だけであるとすると、顧客はすべて「酸味」からのコンテクストで解釈していると考えられる。この場合、顧客がコンテクストを形成する起点は一つであるから、ほかに酸味を属性として持つものにコンテクストを奪われれば、食酢からそちらへシフトする危険性がある。たとえば「レモン」などの柑橘系果実はおそらく似たようなコンテクストを持つであろう。

また、「酸味」からのコンテクストでは感覚的なものに依存することになり、顧客もその理由がわからず、「なんとなく」といった曖昧なコンテクストになっているおそれもある。さらに、酸味からのコンテクストが「酸っぱいのが苦手」といったマイナスのイメージに強く結びつくようであれば、他のコンテクストへの悪影響が出かねない。したがって、酸味以外で、すでに形成されているコンテクストを支える属性を数多く、顧客に認識させる必要がある。

ベネフィットに関しては、大きく四つのグループで考えた。機能ベネフィットの「調味・調理機能」と「健康機能」、情緒ベネフィットの「清涼感・健康感」でくくれる情緒、自己表現ベネフィットの「主婦としての充足感」を表す世界である。こうしてグループ化すれば、ほかにも獲得できそうな要素、あるいは想定外のイメージに結びつきそうな要素を予想できる。

このように顧客のブランド・イメージを調査し、確認できた要素をもって構造化すれば、ブランド・アイデンティティとの対照が可能になり、その修正もしやすくなる。また、コミュニケーションに必要な新しいコンテクストの創造も行えるのである。ここではカテゴリー・イメージの調査結果からの推論を説明したが、それに加えて四〇代主婦の価値観や、食酢への期待を調査したり、ラダリング調査などを行えば、イメージ構造をさらに明確にできるはずである。

コンテクストの創造

新たなコンテクストを創造する場合、すでに基点となるコンセプトがあれば、コンテクストを拡張しやすい。また、すでにある連想のたどり方を変えるだけで、新しいコンテクストにできることもある。ただし、マイナスのコンテクストがある場合は、それが足かせになるので、ゼロベースで考えるほうが効率的な場合もある。

このケースでは、食酢からの連想が「メニュー」の先で何につながるのか、「食欲増進」から連想するとどうなるのか、どのような状況で「殺菌効果」が意識されるのか、といった具合に連想の先を推論したり（目的―手段連鎖の先の推論）、反対にゴールから見て概念間の対称・非対称性を検討したりすることで、コンテクストを明確にできる。

たとえば、「食欲がないときに摂りたい食品は」との問いかけに対して、第一想起で何が連想されるのかを考えてみよう。「食酢→食欲増進」といった連想は強いと予想されるが、同時に「食欲増進→カレー」の想起が強いであろうことも予想できる。したがって、「食欲増進になる食品」から「食酢」に結びつけるコンテクストを創造することが課題となる。

そのコンテクストによって「食酢⇔食欲増進」の強い連想が確立されれば、猛暑で夏バテを感じるシーズンになると、「猛暑→夏バテ→食欲減退→食酢を使った料理が食べたい」というコンテクストが活性化されて、顧客の食酢の消費量が増えるだろう。つまり、食酢にとって毎夏、顧客を活性化できる強力なコンテクストを得られることになるのである。

このように、減少ユーザーとヘビーユーザーとのギャップに基づいて、コンテクストの推論・仮説を多角的に立てながら観察していくと、食酢のブランド・イメージの先に関連するブランド知識が見えてくる。仮説が固まれば、他のコンテクストとの関係性を確認し、新たなコンテクストとして採用していくのである。

第6章

ブランド・コミュニケーションの展開

Brand Communication

コンテクスト・ブランディングにおいて、最もダイナミックなプロセスとなるのがコミュニケーションである。その目的は、企業と顧客の間でブランド知識やコンテクストを共有することであり、それによって理想のブランド・イメージを顧客のなかに構築し、購買行動を喚起し、安定させることにある。

本章では、コンテクスト・ブランディングにおけるブランド・コミュニケーションの考え方とその構造を提示し、具体的に戦略シナリオを作成して、ブランド・コミュニケーションを実行していくための方法論を説明する。

1 ブランド・コミュニケーションとは何か

コンテクスト・ブランディングの究極の目標は、企業のブランド・アイデンティティと顧客が持つブランド・イメージを、コミュニケーションを通じて一致させることである。それによってブランドの需要は喚起され、顧客から愛され続けるものとなる。しかし、それは簡単に達成できる目標ではない。というのも、そもそもブランドを通して企業が持っている知識ベースと、顧客が持っている知識ベースは異なるし、それぞれのブランド知識の量もずいぶんと違うからだ。仮に同じブランド知識を共有していたとしても、コンテクストとして機能する知識は必ずしも一致しない。さらに言えば、ある時点でアイデンティティとイメージが一致したとしても、企業と顧客、また周囲の環境も日々変化しているために、それは安定したものにはならないだろう。

この目標は、時間をかけながら、企業と顧客はもちろんのこと、周囲をも巻き込んだダイナミックなプロセスのなかで達成されるべきものである。つまり、企業は顧客に対し、異なる知識ベースを前提としながらも、さまざまな働きかけを通してその心を理解し、顧客がブランドに何を期待しているのかを明確に把握する。同時に、顧客にとって価値あるものであるためにブランドが何を提供できるのかを考え、発信できるように整理する。そして、整理されたブランド知識を、コミュニケーションという相互作用のなかで顧客とやりとりし、同じ知識がコンテクストとして同じように機能するようなダイナミックな流れをつくっていくのである。

そこでコミュニケーションが果たす役割は、大きく三つある。まず、カギとなるブランド知識を顧客に共有してもらう役割。次に、すでに共有されているブランド知識については、顧客の心のなかにおいても、コンテクストとして企業が意図したように機能させる役割。そして第三に、一定のブランド知識とコンテクストのパターンが共有された後は、新しいコンテクストを同じ方向性で創っていく、つまり共創していくように働きかける役割である。

■ ブランド・コミュニケーションの目的

一般にコミュニケーションの目的は、発信者と受信者が「意味を共有すること」であり、さらには「共有できる意味を共創していくこと」である。これをもとに、ここではブランド・コミュニケーションを、「ブランドが持つ意味を、できるだけ深く正確に企業と顧客で共有し、さらには共有できる意味を共創していくこと」と定義しよう。

ブランドの意味を共有するとは、企業のブランド・アイデンティティと顧客のブランド・イメージを一致させることでもあるが、現実にはそれは容易なことではない。前述したように、そもそも企業と顧客の持つ知識ベースが異なるからだ。そこで企業は、顧客とブランドの意味を共有するために、的を絞ってブランドに関するコンテクストの共有化を図っていく。知識ベースが違っても、カギとなるブランド知識を特定すれば、それを共有し、コンテクストとして同じように機能させていくことは可能である。

企業が顧客とブランド知識を共有していくためには、企業から顧客への一方的なコミュニケーションだけでは十分でない。そこには対話が必要となる。コンテクスト・ブランディングでは、ブランド・コミュニケーションを、企業→顧客、顧客→企業の双方向で考える。双方向のコミュニケーションが行われることで、企業と顧客の間にブランド知識の相互フィードバックが生まれ、企業側のブランド・アイデンティティが精緻化される一方で、顧客の側にも理想的なブランド・イメージが形成されていくのである。

なお、ここでは説明が煩雑になることを避けるため、コミュニケーションの対象を顧客に限定して考えるが、実際には顧客だけでなく、必要に応じてブランドのさまざまな関係者（流通、マスコミ、株主など）をコミュニケーションの対象とすべきである。

コンセプトからコンテクストへ

これまでブランドに関して企業が発信してきたメッセージの多くは、ブランドによって指し示される商品が「どのような特徴、ベネフィットを持つのか」「何がキーポイントなのか」といった、商品の「コンセプト」を一方的に説明するものがほとんどであった。しかし、そのやり方はもはや限界に近づきつつある。これまでのように強いインパクトを顧客に与えることが難しくなり、効果の持続期間も短くなっているからだ。

第5章でも述べたが、今日、我々の生活を取り巻く情報環境は非常に多様化している。マスメディアからの情報提供はもとより、携帯電話やインターネットによるクチコミ、ネットコミも、メディアとして大きな影響力を持つようになった。つまり、情報がタテからもヨコからも、いろいろな角度で入ってくるのである。

そのなかで、顧客の情報蓄積量（記憶容量）はすでに飽和状態に近くなっている。そこに新しい「コンセプト」を単体で投げ入れても、よほどのインパクトがない限り、顧客の心のなかに定着することは望めない。それでも企業は、新しい商品の「コンセプト」を、広告や販促プロモーションといったさまざまな手段を使って、飽和状態に近い顧客の心のなかに何とかもぐり込ませようとしてきたのだ。

たしかに、コンセプトを研ぎ澄ますことは大切であり、それがブランド・コミュニケーションにおいて果たす役割も大きい。それによって顧客にとってのベネフィットが明確になれば、ブランドの価値が伝わりやすくなるからだ。また、現在企業が好んで使っているコミュニケーション手法を考えると、メディアに大きな制約があるため、メッセージをコンセプトに集約する作業が重視されるのも事実だ。たとえば、テレビCMによって顧客に届けることができるのは、ほとんどが一五秒か三〇秒に収まるショート・メッセージのみである。

しかし、ブランド・コミュニケーションに携わる者は、次のことを理解しなければならない。まず、コンセプトだけを投げ入れても、それをどのようなコンテクストで解釈するかは、当然ながら顧客に委ねられているということだ。顧客は自分が持っているコンテクストを使って、受け取ったコンセプトを解釈しようとする。そこでコンテクストとして機能するブランド知識は、顧客の個人的な経験に基づくものかもしれないし、そのとき世間で話題になっていたために顧客のなかで活性化されていたものかもしれない。顧客の心のなかで何がコンテクストとなるかを考えずにコンセプトを投げ入れれば、企業の意図とは違う、予想外のコンテクストで意味づけられる可能性がある。

次に、情報過多状態にある顧客は、そもそもコンセプトをコンテクストに結びつけようともせず、そのまま葬りかねないということだ。ブランドの名前は聞いたことがあるが、興味がないから無視したという経験を、読者も持っているのではないだろうか。そうなる危険性は、今日ますます高まっている。

たとえば、第3章で紹介したアセロラドリンクのケースで考えると、アセロラドリンクが「一日に必要なビタミンCがこの一本で摂れる」というメッセージだけを訴えても、なぜビタミンCを摂る必要があるのか、なぜビタミンCをアセロラドリンクから摂らなければならないのかが顧客にわからなければ、つまりそういうコンテクストを顧客が持っていなければ、購買行動を喚起することはできないし、コンセプト自体もあっという間に忘れ去られてしまう。風邪が流行る時期になると自然とビタミンCが豊富なドリンクが売れていくのは、顧客のなかに、あるいは社会に、「風邪が流行っている→風邪にはビタミンCがいい」というコンテクストがあり、そこにブランドのコンセプトが結びついて意味を持つからである。

つまり、コンテクストがあって初めて、コンセプトも生きるのである。メッセージが顧客の心のなかに定着する可能性を高めるためには、コンテクストに裏打ちされたものにしなければならない。顧客が持つコンテクストとどこでどう結びつくかを考えたうえで設計されたメッセージであることが重要なのだ。いくら研ぎ澄まされたコンセプトであっても、それだけでは顧客に届くメッセージにはならないのである。

このように、ブランド・コミュニケーションに携わる者は、視点をコンセプト重視からコンテクスト重視に転換しなければならない。このところ注目されている経験価値マーケティングやカスタマー・リレーションシップ・マーケティング（CRM）、インターネットを使ったブランド構築などは、コンテクスト・ブランディングの観点からとらえると、顧客のなかに強固で豊富なコンテクストを形成することを目指した方法論であるといえよう。

コンテクストを共有していくことによって、企業は顧客とブランドの意味を共有できるようになり、顧客の持つブランド・イメージは企業が望むものに近づく。そして、より強固なブランド・イメージを確立するためには、一つのコンテクストではなく、複数のコンテクストを共有するほうがよい。コンテクストが多ければ、それだけブランド連想も豊かな広がりを持つようになるからだ。

企業のブランド・アイデンティティを顧客のブランド・イメージに結びつけるために発信されるメッセージは、鮮度の高い多くのコンテクストで支えられていなければならない。

コンテクストがはらむ不確実性

しかし、顧客に発信したコンテクストも、以下に挙げるような要因によって変えられてしまうおそれがある。ブランド・コミュニケーションの担当者、実践者は、こうした不確実要因をよく理解しておかねばならない。

コミュニケーション環境の複雑性

もし情報環境が一昔前のようにシンプルな構造であれば、企業は自分が決めたルートで決めた相手にメッセージを流すだけで事が足りるだろう。つまり、そこでは企業側からのコミュニケーションを比較的楽にコントロールできるのである。したがって、その効果もある程度は予測できる。しかし、情報環境が多様化し錯綜している今日では、企業のメッセージが、企業が決めたルートで流れるかどうかはわからない。また、他のルートから流された関連情報の影響を受けて顧客に届くということも考えられる。つまり、企業側が意図するようにコミュニケーションをコントロールすることが、きわめて難しくなっているのである。その結果、効果を予測することも困難になった。

たとえば、新商品を投入する場合、かつては発売時のキャンペーンによって、ある程度予想可能な範囲で売上げが伸びていった。ところが今日では、良いとなると欠品を起こすほど爆発的に売れるが、何かの拍子にさっぱり売れなくなるというケースを見ることが少なくない。急激に反応して、急激に冷めるという極端な現象が起こるようになったのだ。これは、企業のメッセージが自らの意図に関係なく急激に増幅したり、意図せぬ情報が生み出されたりすることを示唆している。

また、顧客が触れる情報の量が圧倒的に増えていることも、コミュニケーション環境の複雑性を助長している。競合からのメッセージや、自社ブランドに間接的に関係する情報などが、意図的に、または偶発的に生み出され、絶え間なく飛び交っている。それが自社ブランドにとって思わぬプラスの効果をもたらすこともあるが、反対に、メッセージの意味が歪められてしまったり、顧客が持っていたブランド・イメージを崩されてしまったりすることも多いにありうる。

このようにコミュニケーション環境の複雑性が増すなかで、顧客のコンテクストにきちんとつながるメッセージを発信するのは容易ではない。そのためには、あらかじめどんなコンテクストによってコンセプトが意味づけられるのかを想定して、それを明示的に織り込む形でメッセージを統合していく必要がある。

企業と顧客の知識ベースの違い

そもそも企業の知識ベースと顧客の知識ベースが異なるために、企業が持つ意図のとおりに顧客がメッセージを解釈してくれるとは限らない。つまり、それぞれが異なるコンテクストを使ってメッセージを解釈するために、その意味がうまく伝わらないのである。

企業が持つブランドの意味は、一般に豊富な知識によって規定される深いものであるはずだ。それは商品の機能を裏づける科学的な知識であったり、輸送時の品質管理の知識、その商品の原材料が生産された土地の歴史・文化に関する知識など、ブランドを持つ企業ならではの「玄人の知識」である。

一方、メッセージを伝えたい相手である顧客は、そのブランドについてそれほど多くの知識を持っていない。しかもその知識は、生活のなかで得られる膨大な知識のごく一部でしかない。つまり、そのブランドについて考えた場合は「素人の知識」である。すると顧客は、わずかなブランド知識と生活知識をベースとしたコンテクストで、企業のメッセージを解釈しようとする。そのため、玄人知識をコンテクストとしてメッセージを考えた企業からは思いもつかなかった方向に連想が広がり、企業の意図とは異なる解釈に行き着いてしまうことが容易に起こりうるのである。

企業はまず、そのブランドについて顧客が持っている生活知識を十分に理解し、そこから予想されうる顧客のコンテクストをできるだけ多く把握しなければならない。そのなかに好ましいものがあれば、そのコンテクストを刺激すればよい。しかし、好ましいコンテクストとなりうる知識がない場合は、その知識ギャップを埋めるために、自らがコンテクストとして持っている知識のなかから顧客と共有すべきものを特定し、それをメッセージのなかに織り込んでいかなければならない。そのうえで、その知識をコンテクストとして機能するように刺激していくのである。

■ブランド・コミュニケーションの構造

ここまでで、ブランド・コミュニケーションにおけるコンテクストの重要性は理解してもらえただろう。しかし、コンテクストに考慮したメッセージをつくりあげたとしても、それだけではコミュニケーションは成り立たない。メッセージを媒介するメディアが必要だ。この両者をうまく組み合わせることによってシナジーが生じ、コミュニケーションの効果は高まる。

しかし、ひとくちにメディアと言っても、製品（デザイン・機能等）、サービス、広告、ニュース、ホームページ、クチコミ、売場等々、その形態は多様である。これらを適切にミ

図6-1◉ブランド・コミュニケーションの構造

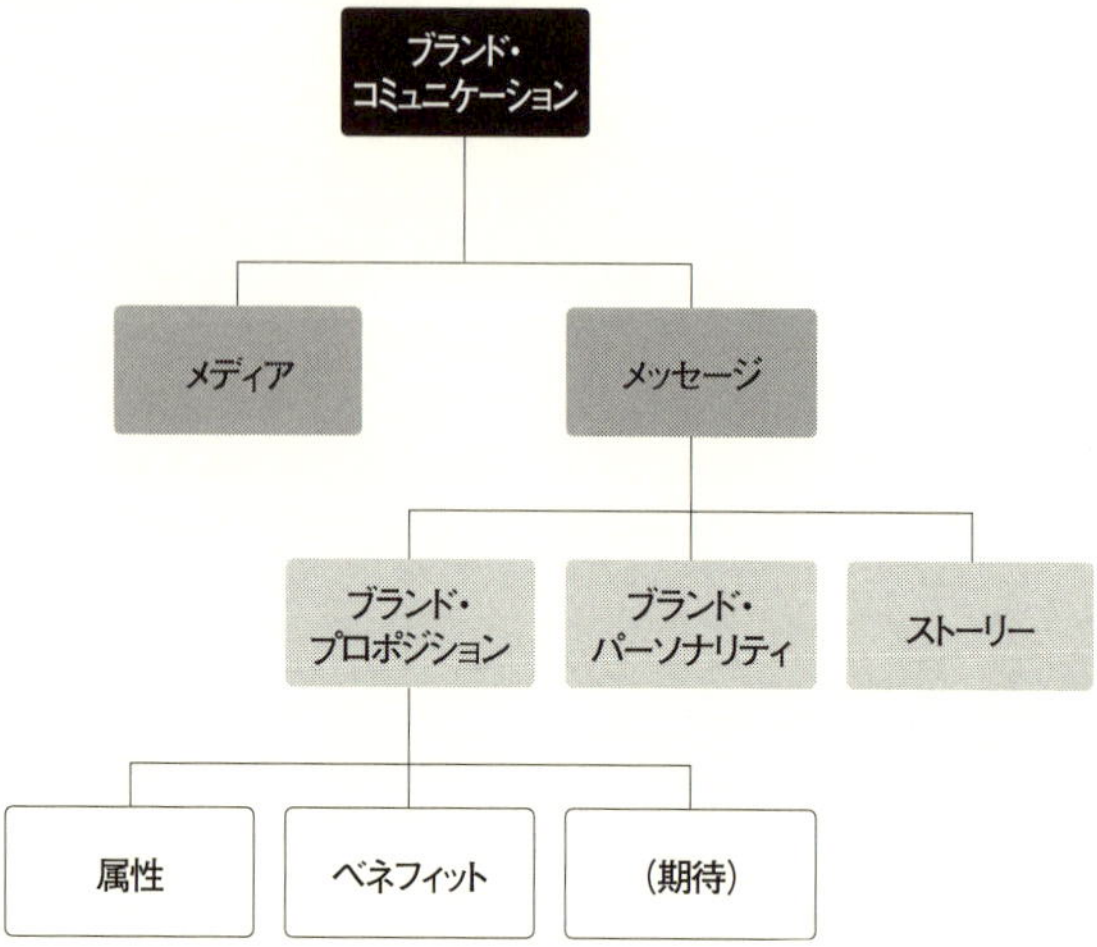

ックスしていくためには、それぞれのメディア担当者がブランド・コミュニケーションに対する理解を共有することが不可欠である。それには、その構造を分析的にとらえることが有効である。

　コンテクスト・ブランディングでは、ブランド・コミュニケーションの構造を以下のように考える（図6－1を参照）。まず、企業と顧客の間を媒介するメディアと、メディアを媒介して伝えられるメッセージに分解して考える。さらに、メッセージを「だれ」（ブランド・パーソナリティ）が、「どんな提案」（プロポジション）を、「どの物語」（ストーリー）で伝えるのかに分けて考える。したがって顧客とブランドの意味を共有するためには、「だれが、何を、どんなストーリーで伝えるのか」というメッセージと、「どのような手段や方法で伝えるのか」というメディアの双方において、コミュニケーションが吟味されなければならない。

そしてこの構造は、コンテクストでつながっている。すなわち、メッセージとメディア、ブランド・パーソナリティとプロポジションとストーリーが、それぞれコンテクストを形成しており、それらを効果的に組み合わせることで顧客とのコミュニケーションを図っていくのである。

ここで注意してほしいのは、コンテクスト・ブランディングではメディアもコンテクストの重要な要素であると考えていることだ。メッセージがどのメディアによって伝えられるのかによって、受け取る側の解釈が違ってくる。メディアは、第2章で説明した「文脈情報」の重要なソースなのである。したがって、どのメディアを選ぶべきかという判断は、どのようなメッセージを届けたいのかによって大きく影響される。

2 目指すべきブランド・コミュニケーション

ブランド・コミュニケーションによって顧客のブランド・イメージを企業が想定する理想のイメージに近づけ、顧客の購買行動を安定させることがブランディングの大きな目標であった。それを実現するためには、どのようなブランド・コミュニケーションを目指せばよいのだろうか。これまで説明してきたブランド・コミュニケーションの理解をもとに、具体的に考えてみよう。

強固なコンテクスト体系をつくる

理想とするイメージは、ブランドが指し示すもの（製品、サービス、組織）によって異なるであろう。また、競合との競争状況や顧客の期待のレベルによっても異なってくるであろう。したがって、理想のブランド・イメージを一般化することはできないが、共通して言えることはある。

ブランド・イメージは、豊かなブランド知識が好ましい連想のネットワークとして強固に結びついているものが望ましい。張り巡らされた連想ネットワークは、潜在的にいくつもの好ましいコンテクストを内包している。ちょっとした刺激で機能しうる強固なコンテクストの集合を「コンテクスト体系」と呼ぶなら、ブランド・イメージが豊かなコンテクスト体系を内包するとき、それは高い価値を持っているといえるだろう。

たとえコモディティ商品であっても、いくつかの好ましいコンテクストをつくることによって、競合商品との差別化を図ることは可能である。そして、それが強固なコンテクスト体系をつくることができたならば、競合よりも優位なポジションを獲得できるだろう。

理想のブランド・イメージがある程度見えてきたら、そこから逆のぼって、どこからコンテクストを構築すべきなのか、それにはどれくらいの時間がかかるのか、既存の材料（コンセプトやコンテクスト）はどれくらい活用できるのか、といったことを明らかにしていくことができる。

「ローマは一日にしてならず」と言うように、一回のコミュニケーションで築けるコンテクストはそう多くはない。したがって強固なコンテクスト体系をつくりあげ、それを維持していくには、相当の労力と時間、それに精緻な戦略シナリオが必要になる。だからこそ、ブランディングは中長期戦略となるのである。しかし、強固なコンテクスト体系をひとたび築き上げることができれば、それは圧倒的な競争優位の源泉になる。そして一度ついた差は、そう簡単には埋められるものではない。

したがって目指すべきブランド・コミュニケーションは、強固なコンテクスト体系の構築を目的とするものでなければならない。

■統合性・一貫性・整合性の視点を持つ

強固なコンテクスト体系を顧客のなかに構築するためには、ブランド・コミュニケーションを実行する際に、統合性、一貫性、整合性の三つの視点を持たなければならない。

ブランド・コミュニケーションは中長期的な活動であるから、その成果を最大化するためには、ムダがなく効果的なコミュニケーションを継続することが必要になる。そのためにコミュニケーション担当者は、利用するメディア（製品、サービス、広告、販促パンフレット、ホームページ等々）の間でコンテクストの配分が適切になされているかを、常に検証しなければならない。つまり、コミュニケーションの全体としての統合性を意識しなければならない。

言い換えれば、メディアが相互にコンテクストを補完し合うように、統合性に注意してマネジメントするのである。たとえば、全体的に見るとホームページでの提案内容がまったく意味を成していなかったり、広告と販促パンフレットが補完し合っていなかったりというケースがよくある。そうしたムダや非効率を取り除き、すべてのメディアがコミュニケーション体系として機能するように組み合わせることが必要だ。そうすれば、一回のコミュニケーションで顧客に築かれるコンテクストの量を増やし、ブランド・イメージ構築に要する時間を格段に縮めることも可能になる。

また、コミュニケーションに一貫性を持たせることも大切だ。毎年、最適なコミュニケーションをゼロベースで考えていたのでは、ブランド戦略とはいえない。中長期的に一貫性のあるコミュニケーションを継続していくことが、結局はブランドの価値を高める近道になる。

ただし、一貫性を保つといっても、毎回同じコミュニケーションを同じコンテクストで行えということではない。継続すべきコンテクストと変更すべきコンテクスト、あるいは新たに追加すべきコンテクストを明確にすることが必要である。骨子となるコンテクストは当然継続されるべきである。また、既存のコンテクストの強化や活性化のために必要なコンテクストは追加すべきである。一貫性を保つためにすべきことは、「何を変えてはいけないのか」「何を変えるべきなのか」をはっきりさせることであり、そうしなければ顧客のブランド・イメージの安定化に役立つ強固なコンテクスト体系を築くことはできない。

途中で状況が変わったり、予期せぬことで築いたコンテクストの一部が崩されたりすることもあるだろうが、そんなときにも臨機応変に対応することが求められる。常にゼロベースで考える必要はない。新規にブランディングを行うときでさえも、顧客がすでに持っているコンテクストのなかには利用できるものが必ずあるので、それをうまく活用すべきだろう。

さらに、ブランド体系を考えるときは、各ブランドのコミュニケーション間でも整合性を考える必要がある。日本企業ではブランド担当者がタテ割りでブランドを見ているケースがまだまだ多く、Aブランドのコミュニケーション とBブランドのコミュニケーションが、相互の影響を考慮することなくプランニングされているケースもある。これではブランド体系としてのイメージを最適化できないであろう。各ブランドのコミュニケーションにおけるコンテクスト体系を確認し、シナジーと効率化の両方を実現するように調整しなければならない。

このようにブランド・コミュニケーションは、顧客の理想のブランド・イメージを構築するために「統合性」「一貫性」「整合性」を考えてデザインされるべきである。

3 戦略シナリオ作成のポイント

コンテクスト・ブランディングでは、ブランド・コミュニケーションを効果的・効率的に行っていくために、コミュニケーション戦略のマスタープランとなる戦略シナリオを作成する。その機能と構成要素は図6－2に示したとおりだが、以下で作成のポイントを説明しよう。

戦略シナリオはブランド・アイデンティティをブランド・コミュニケーションに転換するためのツールである。したがって作成する場合も、ブランド・アイデンティティを規定する作業で行ったように、企業・顧客・競合の三つの視点で確認しながら作成することが基本になる。戦略シナリオに必要な要素のほとんどはブランド・アイデンティティに含まれているはずであるから、それをもう一度確認してほしい。

図6-2◉戦略シナリオの機能

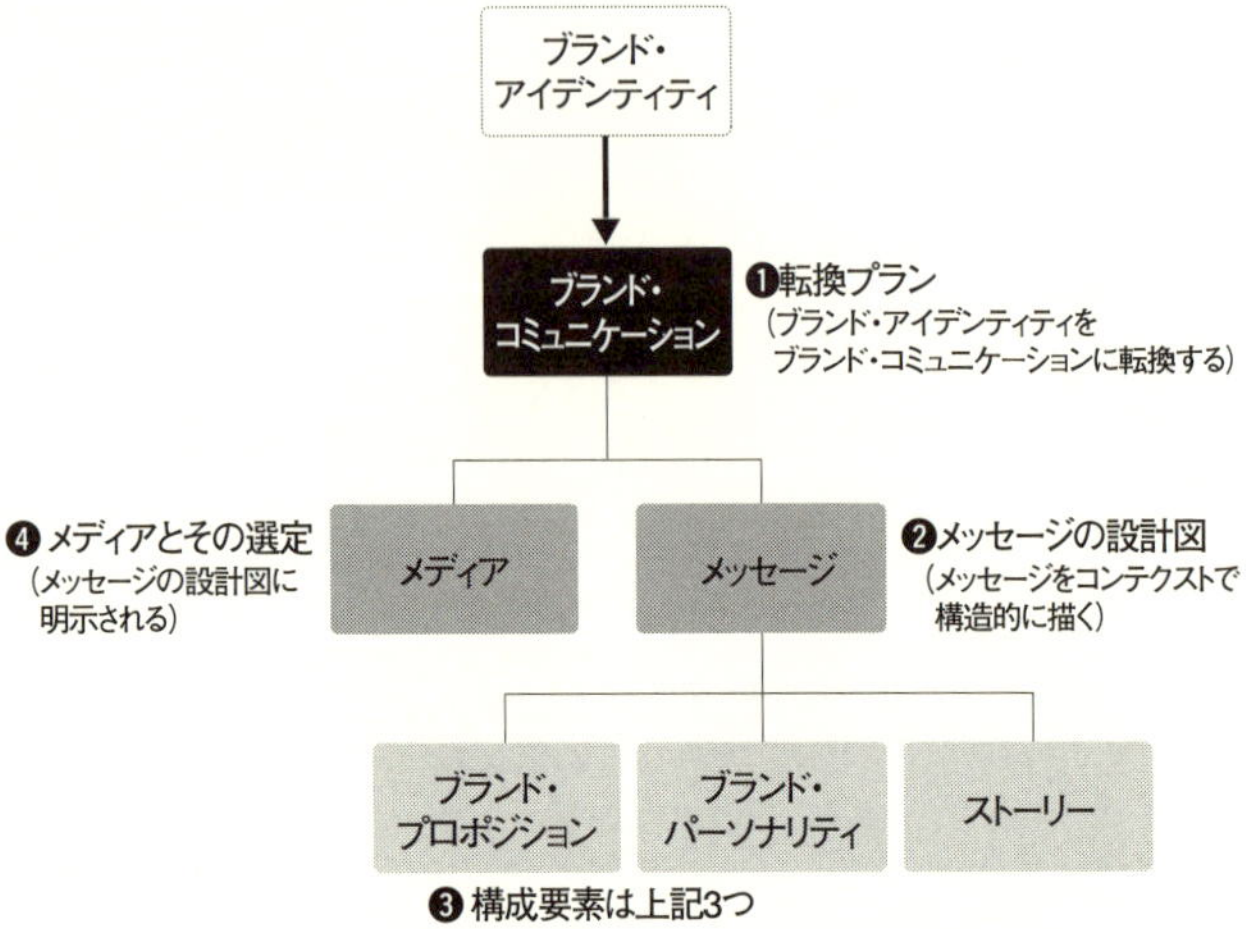

顧客の期待を設定する

第5章で説明したように、顧客はブランドへの期待と属性などの表層にあるブランド・イメージの要素を照らしてみて、ブランドへの態度を決定する。したがって企業側の提案が顧客の期待につながらなければ、企業が望む態度をとらせることはできない。また、競合ブランドのほうが顧客の期待により強くつながっていては競争に勝てないであろう。

そこで、戦略シナリオの作成においてまず重視しなければならないのは、顧客の期待をできるだけ明確に設定することである。

そのためには、第5章のミツカンの例で説明したように、ブランド・イメージ調査から洞察したり、顧客の価値観から推論と仮説検証を行ったりして期待を予測する必要があるだろう。

プロポジションを作成する

戦略シナリオの到達点である顧客の期待が定まれば、そこに向けて提案する内容をコンテクストでつながった形で作成していく。戦略シナリオの構成要素は「ブランド・パーソナリティ」「プロポジション」「ストーリー」である。まず、企業側が提供できるものを確認し、基本的には属性から描き始める。そしてラダリング法を援用して、基本的に、属性→機能ベネフィット→情緒ベネフィット→自己表現ベネフィット→顧客の期待という流れでシナリオを作成していく。属性から自己表現ベネフィットの部分が企業側の提案内容（プロポジション）である。

プロポジションを仮設定したら、コンテクストのつながりがブランドの課題を解決するかどうかを確認する必要がある。コンテクストが最後に顧客の期待に到達していればよいというわけではない。コンテクスト全体あるいはコンセプトが、顧客の生活知識とつながるかどうかを十分に検討する必要がある。

また、競合に対する差別化の視点が組み込まれているかどうかも、見落としてはならない。もしその点が弱いようであれば、競合と差別化できるものは何か、それを強調するにはどのようなコンテクストが必要か、といった戦略的な視点からコンテクストを強化する。

アセロラドリンクのケースでは、「アセロラ→ビタミンC」の連想は強いものの「ビタミンC→アセロラ」の連想は弱く、「ビタミンC→レモン」「ビタミンC→ビタミン剤」といった連想のほうが強かった。そこで「ビタミンC→アセロラ」を強化するために、「アセロラ→天然ビタミンC」や「アセロラ→ビタミンCの含有量がレモンの三四倍」といったコンテクストが戦略シナリオに組み込まれた。

パーソナリティとプロポジションの整合を図る

プロポジションが一通り作成できたら、次にブランド・パーソナリティを戦略シナリオに組み込む。その際には、プロポジションとブランド・パーソナリティの整合性がとれるようにする。できるだけ好ましいパーソナリティをブランドに与えたいと企業が願うのは自然なことだが、プロポジションとの整合性を考えなければ効果がないだけでなく、顧客の不信感を買うおそれすらある。

たとえば、A社のパソコンは「先進的な」や「個性的な」にかかわるパーソナリティ特性が非常に弱かったとする。当然、ブランド担当者は「先進性」「個性」を高める改善策をとるわけだが、単純にパーソナリティだけを改善しようとするとどうなるか。A社が「先進性」を前面に打ち出してコーポレート・ブランドを訴求したとしても、パソコンのデザインや機能などが先進的で個性的な要素を持っていなければ、顧客はブランド・パーソナリティとプロポジションの乖離を強く感じ取り、結局はA社のパソコンに魅力を感じないだろう。

第7章でも述べるが、パーソナリティとプロポジションの整合性は非常に重要である。両者が整合することにより、顧客はそのブランドを違和感なく受け入れる。整合性がとれていない場合は、ブランド・パーソナリティを修正するか、もしくは、ブランドの属性やベネフィットの規定、さらには製品・サービスそのものの見直しを図る必要性も出てくる。

■ コミュニケーション体系を設定する

第2章でコミュニケーションには三つの相があることを説明した。すなわち、企業から顧客への説得（説得達成の相）、企業と顧客の間での知識の共有や共感（リアリティ形成の相）、そして必ずしも意図しない情報環境の形成（情報環境形成の相）である。コンテクスト・ブランディングでは、この三相すべてを意識しながらコミュニケーション戦略を考える。また、個々のコミュニケーションにおいてどの相の意味合いが強いのかを考える「個別的な視点」と、コミュニケーション体系として三相がどのように統合されるべきかを考える「全体的な視点」の両方を併せ持つことが大切である。すなわち、個別コミュニケーションのなかでのコンテクストの貢献（部分最適）を考えるだけでなく、コミュニケーション体系のなかでのコンテクストの貢献（全体最適）も考えるのである。

現実に対応できるように、コンテクストによってメッセージを統合した戦略シナリオには、個々のコミュニケーションのプランとコミュニケーション体系としてのプランの両方が描かれる必要がある。それによって、個々のコミュニケーションの役割と範囲を検証し、コミュニケーション体系の統合性を高めるのである。

具体的には、プロポジションの内容がもれなくカバーされるように、個々のコミュニケーション施策に配分し、それぞれの施策のなかで伝達されるべきコンテクストを明確にする。その際、各施策間でのコンテクストの重なりを見ながら、コミュニケーション体系全体として配分が最適になされているかを確認することになる。

個々のコミュニケーションに落とし込む

戦略シナリオをここまで作成したら、今度はそれを実践するためのメディアとストーリーを考える。戦略シナリオのなかでの位置づけと実践方法が明らかにされた、個々のコミュニケーション施策を具体化するのである。

各コミュニケーション施策で使われるメディアは、メッセージ内容との相性を考えながら決めていく。その際、メディアそのものが文脈情報を提供することを意識しなければならない。メッセージをテレビの深夜番組で流れるCMで知ったのか、情報番組で知ったのか、インターネットのユーザーフォーラムで知ったのか、あるいは友人からクチコミで教えられたのか、文脈情報によってメッセージはいかようにも解釈される。コンテクスト・ブランディングの観点からは、顧客が接触するメディアは無視することのできない文脈情報なのである。

それを踏まえたうえで、メディアごとに、それを使った場合にブランドと顧客がどのように接触するのかを具体的に想像しながら適合性を判断する。顧客がそのメディアと接触するとき、通常は何を考え、どんな行動をとっているのかを分析したり、接触頻度や接触時間などの観点から顧客にアプローチしやすいメディアを絞り込んだりして、コンテクストを伝達するのに適したメディアを決定していく。

次に、コミュニケーション施策ごとにメッセージをどのような流れで伝えるのかというストーリーを考える。同じメッセージでも、ストーリーによって顧客に与えるインパクトが異なってくる。印象に残るストーリーであれば、メッセージは顧客の心のなかに長く記憶されるし、まとめて想起されやすくなるために、コンテクストとしても機能しやすくなる。ホームページや売場など、メディアによっては複数のストーリーが必要になる。メッセージを印象に残るストーリーとして伝えるためには、戦略シナリオで指示されるコンテクスト以外に、もっと豊かなコンテンツを用意しなければならない。

このように、一つのコミュニケーション施策を計画するにあたって、企業はさまざまなことを考慮しなければならない。ここでは典型的な計画の流れに沿って説明したが、実践にあたっては各企業が直面する個別の状況に応じ、前のプロセスに戻ってコンテクストを補強したり、修正したりすることも必要となるだろう。

4 ブランド・コミュニケーションの実行

全体の構造（コミュニケーション体系）と各パーツ（個別コミュニケーション施策）の役割が明示されているという意味で、戦略シナリオはコミュニケーションの設計図である。この設計図に従って、コンテクスト・ブランディングでは顧客の心のなかにブランドという家を建てていくわけである。

コミュニケーションの実行プロセスでは、それぞれの実践者が各パーツの素材（ストーリーとそのコンテンツ）を考えることになる。

■ コミュニケーションの実践者

ブランド・コミュニケーションの実行段階で重要な役割を果たすのは、広告クリエイターだけではなく、製品開発担当者、パッケージ・デザイナー、プロモーション担当者、営業担当者、ホームページ管理者など、広義のコミュニケーション実践者すべてである。しかし、それぞれが用意したメッセージが顧客（あるいは流通などの関係者）の心をつかみ、関心を示してもらうだけでは十分ではない。実践者全員が戦略シナリオを共有し、そのなかで与えられた各人の役割を認識し、全体として効果的なシナジーが得られるようにそれぞれの役割を果たしていくことが必要である。

戦略シナリオの良い点は、コミュニケーションがコンテクストのつながりとして明示されているので、コミュニケーション実践者（特にキャンペーン実施者）にとってはメッセージ作成の指示書になることだ。戦略シナリオを共有し、それぞれの役割を理解することで、勝手な解釈に基づく誤ったメッセージを発信することを防ぎ、ブランド・コミュニケーションに一貫性を持たせることができる。

とはいえ、戦略シナリオはあくまでもメッセージの指示書にすぎず、個別のコミュニケーション施策にそのまま使えるわけではない。したがってコミュニケーション実践者は、その指示を基本にしながら、自分が担当するコミュニケーションのメディア（たとえば雑誌広告）に合ったメッセージをつくっていかなければならない。戦略シナリオによって指示されたプロポジションとコンテクストを、顧客が興味を持つような表現や設定などを考えながらストーリーにし、メッセージとして完成させるわけである。

コンテンツ体系の構築

戦略シナリオで描いたコンテクストを個別のメッセージに落とし込むときに、重要な役割を果たすのがブランド知識である。それがストーリーをつくるときのコンテンツの源泉だからである。クリエイターとして表現技法や戦略の理解力に長けた人でも、豊富なブランド知識を持っていなければ、ブランドの世界を彷彿させるような方法でメッセージを伝えることはなかなかできないものだ。実際に広告作品を見ても、表現の技法は素晴らしいがブランドの奥深さを出せていないために、成果につながっていないケースが多い。

しかし、ブランド・コミュニケーションにかかわるクリエイターに、豊富なブランド知識をインプットしているだけの時間的余裕がないのも事実だ。第4章で紹介した〈サントリー烏龍茶〉のケースのように、二〇年以上もブランド知識を獲得・更新し続け、ましてや実体験によって暗黙知を得ているケースは稀である。

そこでコンテクスト・ブランディングでは、コンテクスト探索から収集した数値データや論文、また各ブランド関係者が持っていたブランド知識を整理・編集して、戦略シナリオのなかで結節点となるコンセプト（もしくはキーワード）ごとに管理する。さらに、コンテクストに基づいてブランドが持つ世界観を表現する映像やスチール、音楽・音声などのコンテンツを制作し、いつでも編集してメッセージに組み込めるよう、コンセプトごとに管理しておく。こうして、最終的にはさまざまなコンテンツが、戦略シナリオに基づいて体系化された形で管理されることになる。

このようにコンテンツを管理すると、膨大なブランド知識が整理され、ブランディング関係者の間で共有することができ、ブランド知識の獲得が効率化される。さらに、すぐにアクセスできる形でコンテンツが戦略シナリオに沿って体系化されているので、メッセージづくりに直接役立てることができる。こうした支援態勢によって、個々のコミュニケーション施策でメッセージの質が維持され、全体としてのブランド・コミュニケーションの効果を高めることが期待できるのである。

5 アセロラドリンクのブランド・コミュニケーション

コンテクスト・ブランディングによるコミュニケーションの実践例として、第3章で紹介した〈アセロラドリンク〉を再度取り上げる。ただし、ここでは「戦略シナリオの作成」と「メッセージのコンテンツ制作」「コミュニケーションの実行」に焦点を絞るので、そこに至るまでの経緯や背景については第3章を参照してほしい。

戦略シナリオの作成

以下に紹介するのは、アセロラドリンクのブランド・アイデンティティを、戦略シナリオのプロポジションに転換する作業であるが、ここでは「属性→機能ベネフィット」のコンテクストについて話を進める。ブランド・コミュニケーションの各実践者は、ここで示されるプロポジションから自らが伝えるべきコンテクストを確認し、コミュニケーション施策を考え、実行している。

アセロラドリンクでは戦略シナリオを作成するにあたり、「肌に良いものを摂りたい」という顧客の期待を一つの極に、アセロラドリンクの属性である「ビタミンC」をもう一つの極に設定した。そして、コンテクスト探索で得られた「アセロラドリンク」「アセロラ果実」「ビタミンC」「肌」に関するブランド知識を骨組みとし、そのほかに生産国である「ブラジル」でのアセロラ果実の知識や、「栄養素の必要摂取量」に関する知識など、さまざまなブランド知識を組み合わせながら、「アセロラ⇕ビタミンC⇕肌に良い」のコンテクストを設計していった。

競合に対する差別化は次の二点で行った。一つは、「体に良い」というコンテクストには多くの競合がいて激戦区となっていることから、「肌に良い」につなげるコンテクストを開発した。もう一つは「ビタミンC→アセロラ」の連想を強化するために、「ビタミンCの含有量がナンバーワン」「天然ビタミンCを含有している」とのコンセプトを補強した。これは「ビタミンC」から連想される頻度が高い「レモン」「ビタミン剤」との差別化を狙ったものである。

一方、コンテクストの強化では「ビタミンC」を「ＫｅｅｐＣ」に変更した。すなわち、ビタミンCの摂取に関して顧客が持っていた「足りている」「排出されやすいのでたくさん摂ってもムダ」よって「ビタミンCを積極的に摂る必要はない」というマイナスのコンテクストを、「本当は足りていない」「排出されやすいので毎日補強する必要がある」よって「積極的に摂ることが大切である」とのコンテクストに転換し、そのコンセプトを「Ｋｅｅｐ Ｃ」としたのである。このコンセプトは、アセロラドリンクがブランドとして伝えたいメッセージとなるだけでなく、顧客が持っている生活知識との結びつきを十分に考慮したうえで開発された。

さらに、コミュニケーション体系として個別コミュニケーションのコンテクストを包含するために、製品パッケージ、テレビＣＭ、雑誌広告、製品パンフレット等、あらゆるメディアを想定してコンテクストの拡張性を探った。その結果、たとえば「肌に良い」という骨子となるコンテクストについては、肌への影響の強い「紫外線」との関係や、肌と「コラーゲン」の関係など、肌から先のコンテクストを設定することができた。

このようにして、コミュニケーション体系としての戦略シナリオが作成された。

メッセージのコンテンツ制作

次いで、個別コミュニケーションの展開を考慮して、戦略シナリオに基づくコンテンツを制作した。たとえば、「アセロラの果実」のコンテンツとして、ブラジルの農園での栽培風景や都市のジューススタンドでアセロラが販売されている風景、プロサッカークラブのチームドクターのインタビューなど、アセロラに関するエピソードや映像・写真を収集し、戦略シナリオのコンセプトに合わせて編集した。

ほかにも、コンテクスト探索の際に収集した関連する数値データやヒアリング内容などを編集して組み込んでいった。そうして、個別コミュニケーションでの具体的な用途を想定し、雑誌広告用のスチールカットやプロモーションビデオに利用できるカットなど、さまざまな種類のコンテンツが制作された。

こうした作業をコンセプトごとに行い、最終的には、制作されたすべてのコンテンツを戦略シナリオに基づいて体系立てて再編集し、管理するようにした。ブランド・コミュニケーションのマネジメントを精緻化するためである。これによりブランド・コミュニケーション実践者は、メッセージの骨格づくりとストーリー制作に必要なコンテンツをセットにして、いつでも引き出せるようになった。また、これを管理することで、個別コミュニケーションを有機的に連動させて展開できることになる。

アセロラドリンクのブランディングにおいても、戦略と実践をつなぐポイントが、戦略シナリオとそれに基づくコンテンツ体系にあったといえる。

ブランド・コミュニケーションの実行

そして戦略シナリオに基づき、それぞれのブランド・コミュニケーションが実行に移された。ブランド・コミュニケーション実践者（担当者）が、戦略シナリオで提示されたコンテクストを提案内容として、個別のコミュニケーションに組み込んでいくのである。その際、コンテンツは必要に応じて利用され、メッセージのストーリーは各担当者がメディアの特性に合わせて考えていった（図6－3を参照）。

たとえば雑誌広告では、「ニチレイ・アセロラドリンクの背景を伝える」ことを目的に設定し、「ニチレイ・アセロラドリンク→アセロラ果実→ブラジルが生産国」といったコンテクストでメッセージを伝えた。テーマは「ルビー色のスーパーフルーツ・アセロラ」とし、アセロラ果実の「鮮烈な赤」を、南国特有の「真っ青な空」との対比でデザインした。そして、なぜブラジルで生産されているのか、ブラジルでポピュラーなのはなぜか、というストーリーを付すことで、アセロラの世界観を伝える表現としていった。

これは、知名度は高いもののブランド連想自体が少なかったアセロラドリンクの、ブランド連想を豊かにすることにつながっている。

一方、テレビCMでは、「アセロラドリンク→ビタミンCが豊富→肌に良い」のコンテク

図6-3◉ブランド・コミュニケーションの実行

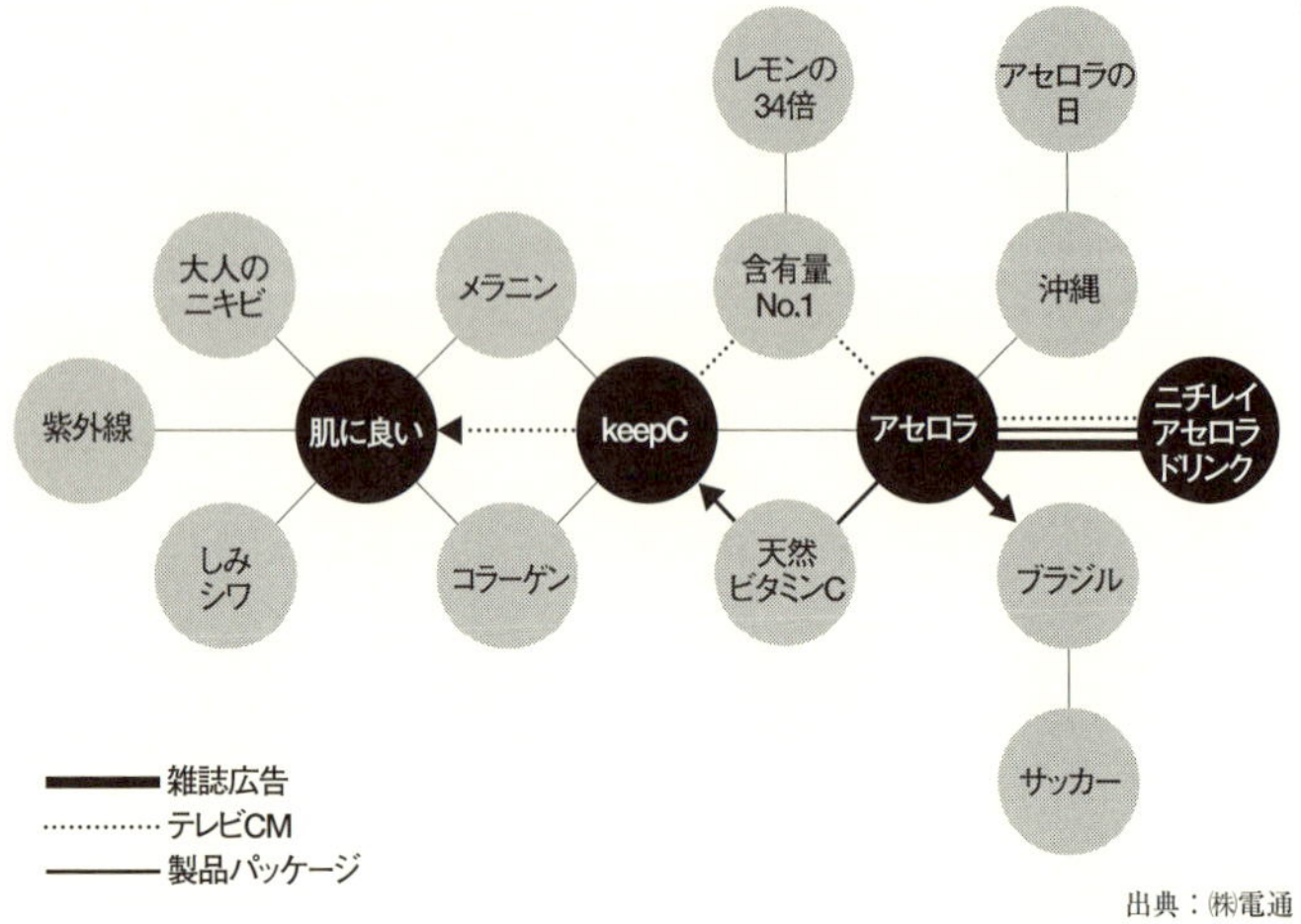

出典：㈱電通

ストが提案内容であった。アセロラドリンクの骨子となるコンテクストである。テレビCMの場合は、長いコンテクストは組み込めない。そこで、骨子となるコンテクストをできるだけ絞り込んで組み込む必要がある。ここでは、「アセロラは美肌ドリンクである」との連想を創造することを目標にした。また、ブランド・パーソナリティを打ち出すのは重要な手法であるので、ブランド・パーソナリティとプロポジションのコンテクストに整合性を持たせてCMを作成した。

さらに、製品パッケージも、ターゲットとなる「肌のケアに関心のある女性」に合わせて変更された。パッケージには「アセロラドリンク→アセロラ果実→天然ビタミンC→ＫｅｅｐＣ」といったコンテクストが組み込まれている。

そのほかさまざまなブランド・コミュニケーションを展開したが、すべてのケースで戦略シナリオに基づき、提案内容のコンテクストが確認された。

ここに取り上げた「雑誌広告」「テレビＣＭ」「製品パッケージ」を考えてみても、それぞれにメッセージのコンテクストが異なり、それぞれ異なる役割を持っているが、それを有機的に連動させたコミュニケーションを行うことで、最終的には顧客のなかで豊かで質の良いブランド・イメージを創造することに貢献しているのである。

第7章

ブランド・パーソナリティの構造化

Brand Personality

これまで説明してきた企業のブランド・アイデンティティ、顧客のブランド・イメージ、そしてブランド・コミュニケーションという三つの領域を通じて、ブランド・パーソナリティは重要な構成要素に位置づけられてきた。ここでは、ブランド・パーソナリティとは何かについて明らかにするとともに、その機能や役割、性質などを反映させた構造モデルを提示する。

ブランド・パーソナリティの構造モデルは、ブランド・パーソナリティを軸に、コンテクスト・ブランディングの三つの領域をつなげていくことを支援するものである。これまでブランド・パーソナリティは、性質が曖昧でとらえにくく、確立されたモデルがほとんどなかったために、ブランド戦略を遂行する実務家にとっては扱いづらいものであった。しかし、コンテクスト・ブランディングにおいては、ブランド・パーソナリティも他の要素と同様に明確に構造化し、コンテクスト構築において中心的な役割を持たせるのである。

1 ブランド・パーソナリティとは何か

十人十色と言われるように、人にはそれぞれ他の人とは違った個性があり、異なった人格（パーソナリティ）がある。ある人は新しもの好きで、流行のデザインを取り入れた斬新な服装を好む。ある人は変化を嫌い、いつも地味な服装をしている。また、自己主張が強く他人とぶつかりやすい人がいるかと思えば、周りの人の意見に流されやすく、何事においても優柔不断な人もいる。このように人によってパーソナリティはまちまちだ。心理学では、一般にパーソナリティを「個人にある程度一貫した独自の経験や行動を行わしめる心理的、生理的な統一パターン」と定義している。(注1)「パターン」であるから、それは人を識別する機能も持つ。つまり人は、態度や行動に表れるパーソナリティを拠り所にして他者を認知しているのである。

パーソナリティは心理学において長い間研究されてきたが、そこで蓄積された知見はブランドにも応用されてきた。大まかに言えば、人がパーソナリティを介して対人認知を行う枠組みをブランドの認知に応用したのが、ブランド・パーソナリティの考え方である。つまり、ブランドから連想される「人間的特性の集合」がブランド・パーソナリティなのである。人間だれにでもパーソナリティがあるように、個々のブランドにもパーソナリティがあると考えるわけだ。そして、顧客にとってブランド・パーソナリティは、ブランドから発せられるメッセージやブランドに関する情報を認知するうえでの重要なコンテクストになるのである。

すでに強力なポジションを確立したブランドを見ると、そのことがよくわかる。たとえば「マクドナルド」というブランドからは、陽気で気取らず、親しみを感じやすい友達のような人物が連想される。彼は遊びに誘うと、よほどのことがない限り断らない。みんなと一緒に何かをすることが好きなのだ。とりたてて勉強やスポーツの才があるわけではないが、いつも笑顔を絶やさないので、だれからも好かれる。このようなイメージを、我々はマクドナルドに対して抱いているのではないだろうか。だからマクドナルドの店舗に入るとき、ためらったり、不安になったりする人はまずいない。

一方、自動車の「メルセデス・ベンツ」はどうだろうか。こちらは成熟した大人の男性を連想させる。彼は物静かで落ち着いた雰囲気を持っているが、かといっておとなしく遠慮がちというわけでもない。自分の仕事能力や社会的信用に対する自信を持っていることが、態度や行動に表れている。こういう人は仕事を一緒にしても、効率よく確実にこなしてくれそうである。

このようにブランドを人にたとえることで、ブランドに対する共通のイメージが人々の心のなかに形成されやすくなる。それは、人々の心のなかに蓄積されている人間のパーソナリティに対する豊かな暗黙知を、比喩の活用によってブランドの知識に移転することができるからである。そしてそれが重要なコンテクストとなって、ブランド・イメージ全体の形成に影響を与えるわけである。ブランド戦略に携わる多くの実務家がブランド・パーソナリティを重要視する理由はそこにある。

■ブランド・パーソナリティの機能

ブランディングにおいてブランド・パーソナリティは、以下の四つの機能、役割を果たす（図7－1を参照）。

第一に、ブランド・パーソナリティはブランドを構成する各要素を包括する機能を持っている。つまり、人間の比喩を使ってブランドを「顔の見える存在」にすることができる。実際には、顧客は各ブランド要素から受ける印象（部分印象）をつなぎ合わせてブランド全

図7-1◉ブランド・パーソナリティの機能

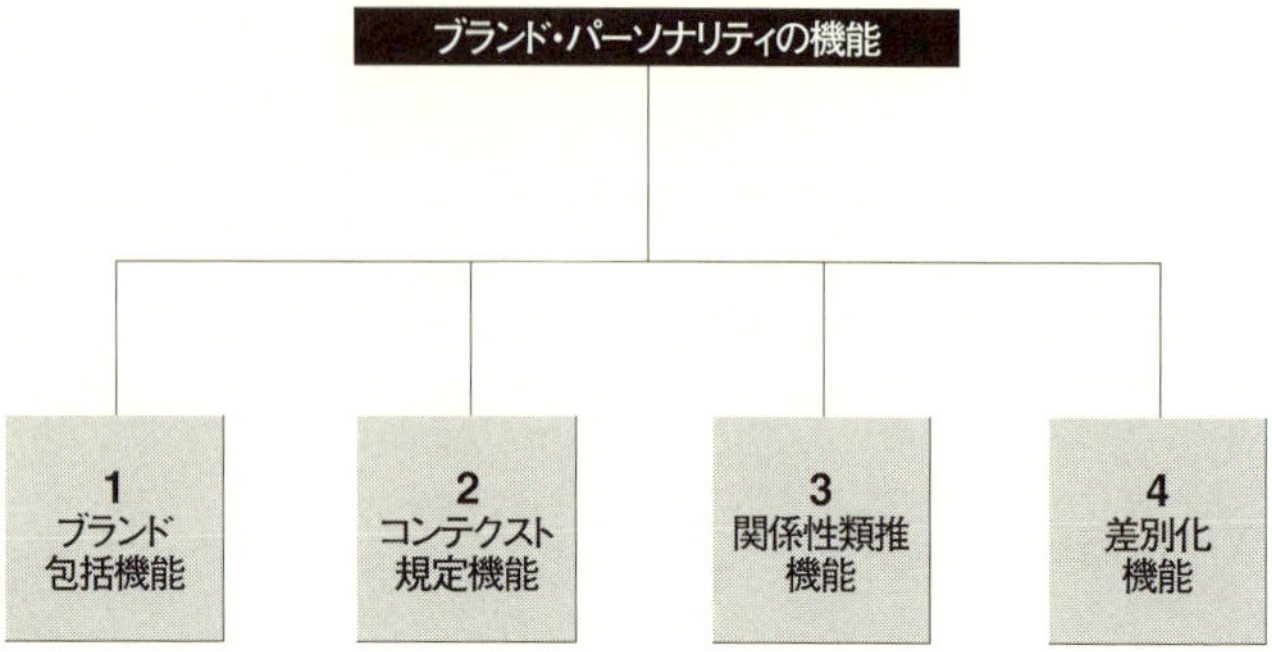

体のイメージを持つのではなく、ブランド・パーソナリティという一つの全体的にまとまりを持った特性（全体印象）によってイメージを形成するのである。

　これを企業サイドから見ると、ブランド・イメージをパーソナリティという視点からとらえることで、人々のブランドに対する知覚のレベル、内容を包括的に理解することができる。したがって部分印象の間で相互に矛盾する特性が多少あったとしても、それを解消して一つのイメージに収斂することができるのである。

　第二に、ブランド・パーソナリティはコンテクストを規定する機能を持っている。これをコミュニケーションで考えると、同じ内容のメッセージを顧客に伝えても、ブランド・パーソナリティが異なればメッセージも違って受け止められるということだ。たとえば、「ビタミン含有量が多く、疲労回復に役立つ」という内容のメッセージで飲料の広告を打つとしよう。もしブランド・パーソナリティが「パワフルな人」であれば、顧客は栄養ドリンクの広告と受け止めるだろう。反対に「繊細な人」のパーソナリティであれば、果汁系の清涼飲料と受け取られる可能性がある。このようにメッセージが同じであっても、まったく違ったイメージを形成されてしまうのである。つまり、ブランド・パーソナリティはコンテクストの中核を成すものであり、メッセージの意味合いを決定づけることがしばしばある。

第三に、ブランド・パーソナリティは企業と顧客（もしくはその他のステークホルダー）の関係性をイメージしやすくする機能を持っている。顧客との関係を人間関係に置き換えることで、その関係性を身近でわかりやすいものにすることができるのである。たとえば、仲の良い恋人関係、ちょっとこじれた友達関係、何があっても切れることのない母と子の関係などにたとえると、その関係をすぐにイメージすることができよう。

したがって企業が自らのブランド・パーソナリティを確立することで、顧客は企業に対するイメージとしてのブランド・パーソナリティを明確にし、人間関係に似た関係性を連想するようになる。関係性に何らかの問題がある場合は、企業が規定したパーソナリティと顧客がイメージとして持つパーソナリティに乖離があることが多い。たとえば「自己主張がある」と規定したつもりが、顧客からは「自分勝手な」というパーソナリティで受け止められているようなときだ。こうした場合は、顧客のブランド・イメージを分析して自社のパーソナリティを変更するか、後述するように他のパーソナリティ構成要素を強化して顧客がイメージとして持つパーソナリティを積極的に修正することで、問題を解決することになる。

そして第四が差別化機能である。これは、ブランド・パーソナリティによって競合ブランドとの相違を際立たせる機能である。ブランド・パーソナリティは相対的なものなので、パーソナリティ分析によって自社と他社のブランドの強み・弱みを把握すれば、差別化の源泉を見出してブランド間競争におけるポジショニングに利用できる。

缶コーヒーやビールといったコモディティ商品は、パーソナリティによって一瞬で選ばれる傾向がある。また、機能面で飽和状態にあり属性や機能とは別の要素で差別化する必要のある商品、あるいはコーポレート・ブランドなどにおいても、ブランド・パーソナリティによる差別化が大きな意味を持ってくる。

ブランド・パーソナリティの複雑性

ブランド・パーソナリティの機能、役割についてはは理解できたと思うが、それを十分に発揮させるにはマネジメントが必要になる。しかし、それはなかなか困難な課題である。なぜなら、第2章で解説したブランドの四つの特殊性に加えて、ブランド・パーソナリティは次のような複雑な性質を持っているからである。

一つは、パーソナリティの構成要素があまりにも多く、意味合いの似たものが多いことである。日本語には人の特徴を意味する形容詞がおよそ六〇〇あるといわれている。当然、ブランド・パーソナリティにもこれが当てはまるわけだが、マネジメントの対象とするにはあまりに多すぎる。

実際、ブランド・パーソナリティを言葉で表現する場合は、複数の形容詞を組み合わせることが多い。ディズニーランドの例で考えると、「楽天的な」「気配りのある」「主張がある」といったものが考えられるが、これではディズニーランドのブランド・パーソナリティを言い表せてはいない。微妙なニュアンスを明確にするには、さらに言葉を連ねる必要があろう。つまり、パーソナリティを表す形容詞を多く使って表現するほうが、より詳細にブランド・パーソナリティを表すことができるのだが、その半面、マネジメントが難しくなるというジレンマが生じるのである。

二つめは、パーソナリティは多面性を持っているため、なかなか簡単にはとらえられないことだ。これはブランド・パーソナリティの場合も同じである。心理学のなかでも特に人格心理研究から数多くのモデルが紹介されているが、どのような分析に対しても、パーソナリティはそれほど単純ではないという批判が出されており、学問上の論争が尽きることはない。

たとえば、類型論として有名なクレッチマーの気質分類は、典型的な性格像でパーソナリティを統一的に記述しようとする考え方であり、「分裂気質」「循環気質」「粘着気質」の三つのいずれかに分類できるとしている。多様な人格傾向を三つという少数で類型化できるのが最大の特徴だが、あまりにも単純化しすぎているとの批判も多い。

そこで、パーソナリティの基本単位である特性（traits）の組み合わせでパーソナリティを記述しようとする、特性論と呼ばれる考え方もある。類型論が人のパーソナリティを統一的に見て、事前に設定したモデルのどれかに当てはめようとするのに対し、特性論では性格を形成する要素（特性）を抽出し、その集合からパーソナリティを分析しようとする。ここではパーソナリティを形成する特性をどのように設定するかが最大の問題であり、研究者によって共通しているところもあれば、大きく異なるところもある。(注2)

よく知られているのは矢田部―ギルフォード（YG）性格検査だが、このモデルではパーソナリティの基本的な次元を「情緒安定性」「社会的適応性」「活動性」「衝動性」「内省性」「主導性」の六つに設定している。(注3) この方法を用いると、共通の枠組みで人格構造を把握することが可能になるが、はたしてそれですべての人格構造をカバーできるかというと、やはり疑問が残る。

このように、人間のパーソナリティ構造が複雑である以上、それをメタファーとするブランド・パーソナリティも複雑にならざるをえない。しかし、それではマネジメントできないため、何らかの構造化、モデル化が必要となるのである。

2 ブランド・パーソナリティ構造モデル

ブランディングの領域やその構成要素を構造的にとらえるのはコンテクスト・ブランディングの一貫した考え方であり、ブランド・パーソナリティも同様に考える。そこで我々はブランド・パーソナリティの構造モデルを開発した。

ブランド・パーソナリティ構造モデルの開発意図

そもそもパーソナリティは上部構造と基底構造に分かれると考えられている。(注4) 基底構造を構成する要素は気質であり、これは人間が生来持っているものである。一方、上部構造は通常、欲求、価値、動機、関心、能力、習慣などの要素で構成されている。これらは気質に基づいて学習され、習慣化されているものである。つまり、基底構造の構成要素である気質が、上部構造の各構成要素を規定していると考えるのである。

我々のブランド・パーソナリティ構造モデルは、このパーソナリティ構造に関する考え方を援用したものである。すなわち、ブランド・パーソナリティにも基底構造（コンテクスト・ブランディングでは比較的、心の深層部に当たると考える）と上部構造（コンテクスト・ブランディングでは比較的、心の表層部に当たると考える）があると考える。パーソナリティの構成要素である「気質」は心の深層部にあり、表層部には気質によって影響を受ける「特性」（ここでは気質も含めて「パーソナリティ特性」と呼ぶ）があると考える。

ブランドの場合、そのパーソナリティを分析した後、事業戦略に合わせてそれを積極的に修正していく必要がある。しかし、ブランド・パーソナリティは特性が多く、しかも同じ意味合いだったり、微妙に意味合いが違っていたり、反対の意味だったりと、特性間の関係が複雑であるため、それらの関係性がよくわからない。これではパーソナリティの課題を解決するための方策を立てにくいといった問題がある。

そこで構造化にあたっては、パーソナリティ特性間の関係を大きく三つに絞って整理し、実務の観点から関係性を簡略化してとらえられるように努めた。三つの関係とは、詳しくは後述するが、「意味の反対関係」「ポジティブ・ネガティブの関係」「気質と、気質に影響を受けるパーソナリティ特性の関係」である。また、パーソナリティ特性間の関係をコンテクストでとらえることで、課題解決の方向性がわかるようにした。

このモデルを使ってブランド・パーソナリティを分析することで、多面的で複雑なパーソナリティの理解・共有が図れる。さらに、ブランドのパーソナリティ上の課題を発見・解決し、ブランド・マネジメントに活かしていくことができる。

■ブランド・パーソナリティの構造化

それでは、我々が開発したブランド・パーソナリティ構造モデルを、構造化作業の流れに沿って説明しよう。言うまでもなく、この作業は対象とするブランドごと、カテゴリーごとに行わなければならない。ソフトドリンクと自動車では当然、パーソナリティ特性が異なるからである。ここでは、理解しやすいように簡易版で説明することをお断りしておきたい。

(1)パーソナリティを構成する特性を特定する

ブランド・パーソナリティ構造モデルを作成するにあたって最初に行う作業は、ブランドを把握するために必要なパーソナリティを構成する特性（パーソナリティ特性）を特定することである。前述したとおり、人を形容する言葉は六〇〇〇ある。しかし、そのすべてが必要なものとは限らない。したがって数ある形容詞のなかから、ブランド・パーソナリティ構造モデルの規定に必要な特性を抜き出さなくてはならない。

また、特性は基本的には形容詞で表すが、概念が名詞（固有名詞）で表現される場合は、その名詞の特性を形容詞で表現し直す。ここでは説明のために、あらかじめ我々が特定した一〇のパーソナリティ特性を対象として、以下の形容詞で表した。それらは、「一貫した」「主張のある」「楽天的な」「柔軟な」「有能な」「パワフルな」「先進的な」「気配りのある」「繊細な」「誠実な」である。

⑵反対の意味を持つパーソナリティ特性のペアを作成する

次に、特定したパーソナリティ特性と反対の意味を持つパーソナリティ特性を考えて、ペアを作成する。たとえば、「一貫した」に対しては「一過性の」が、「主張のある」に対しては「流されやすい」がそれぞれ意味の反対特性となる（図7－2を参照）。

両者をペアにするのは、パーソナリティの多面性を見やすくするためと、パーソナリティの変更時に、意味の反対の関係にあるパーソナリティ特性が重要な役割を果たすからである。

図7-2◉反対の意味を持つパーソナリティ特性のペア

一貫した	一過性の
主張のある	流されやすい
楽天的な	理屈っぽい
柔軟な	まじめくさった
有能な	頼りない
パワフルな	弱々しい
先進的な	古臭い
気配りのある	ひとりよがりの
繊細な	粗野な
誠実な	いい加減な

出典：㈱電通

(3) 価値判断によるパーソナリティ特性のポジ・ネガを作成する

さらに、特定したパーソナリティ特性について、ポジティブ（肯定的）な判断とネガティブ（否定的）な判断の両面を考慮する。本来、パーソナリティは多面的なものであるが、パーソナリティ特性間の対極性に注目すると、ポジティブ（ポジ）とネガティブ（ネガ）の二面性でとらえることができる。(注5)

ここでは、「反対の意味」ではないことに注意してほしい。たとえば、「気配りのある」と「流されやすい」はまったく異なる評価だが、「気配り」も度が過ぎれば「流されやすい」となることは、人間のケースを考えれば理

図7-3◉パーソナリティ特性のポジ・ネガの関係

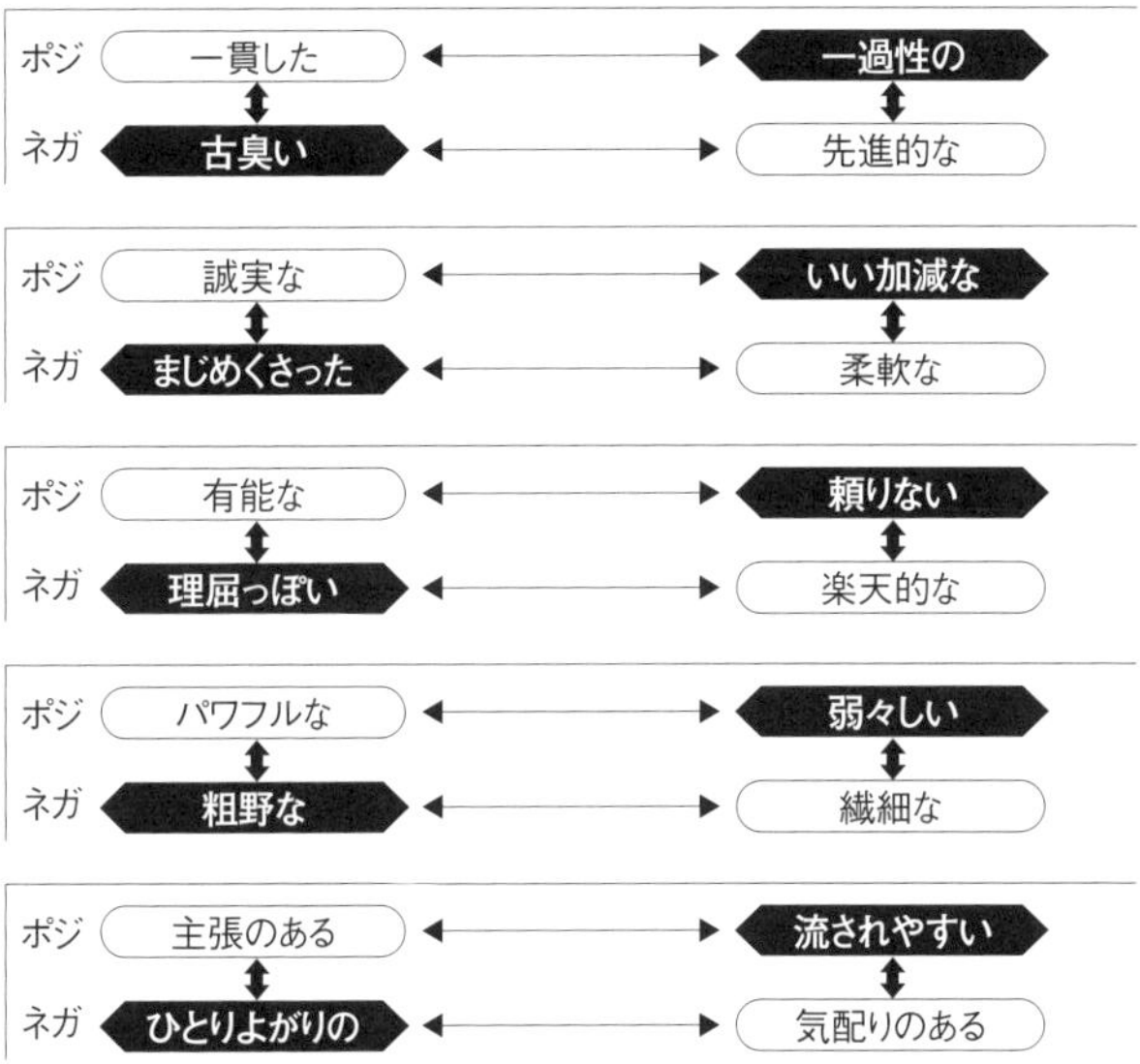

出典：㈱電通

解できるだろう。したがって、「気配りのある」と「流されやすい」はポジ・ネガの関係にあると言える。同様に「主張のある」と「ひとりよがりの」もポジ・ネガの関係にある。

　そうすると、意味の反対特性である「主張のある」と「流されやすい」、「ひとりよがりの」と「気配りのある」の四つの特性が、ポジ・ネガの関係により関連づけられることになる。

　こうして、図7－3に示すような、四つのパーソナリティ特性で関連づけられる五つのブロックが考えられる。

(4)パーソナリティ特性間の関係性の意味を確認する

図7 - 3をもう少し詳しく見てみよう。「一貫した」と「古臭い」、「先進的な」と「一過性の」はそれぞれポジ・ネガの関係であり、「一貫した」と「一過性の」、「古臭い」と「先進的な」は意味反対の関係である。我々はここで、「一貫した」と「先進的な」、「古臭い」と「一過性の」にも何らかの関係があると考えた。結論から言うと、図7 - 4に示したように「一貫した」と「先進的な」、「古臭い」と「一過性の」には「安定気質」が関係しているのである。「気質」は先天的なパーソナリティ特性であり、パーソナリティの深層部を構成する。つまり、「一貫した」と「先進的な」、「古臭い」と「一過性の」の関係は、深層部の気質の影響を強く受けていると考えられるのである。

関係性の意味合いを「安定」と設定したのは、安定気質の意味からの検証と、四特性の関係の意味合いからの洞察による。同様に、他のブロックに関しても気質の影響を受けていると考え、それぞれに「忠実」「探求」「活動」「主導」という意味合いを気質として設定した。ここでは、気質を含む五つのパーソナリティ特性のセットを「基本枠組み」と呼ぶ。

ここで「主導気質」を含む基本枠組みを使って、その構造をもう一度整理してみよう。

図7-4◉パーソナリティ特性間の関係性

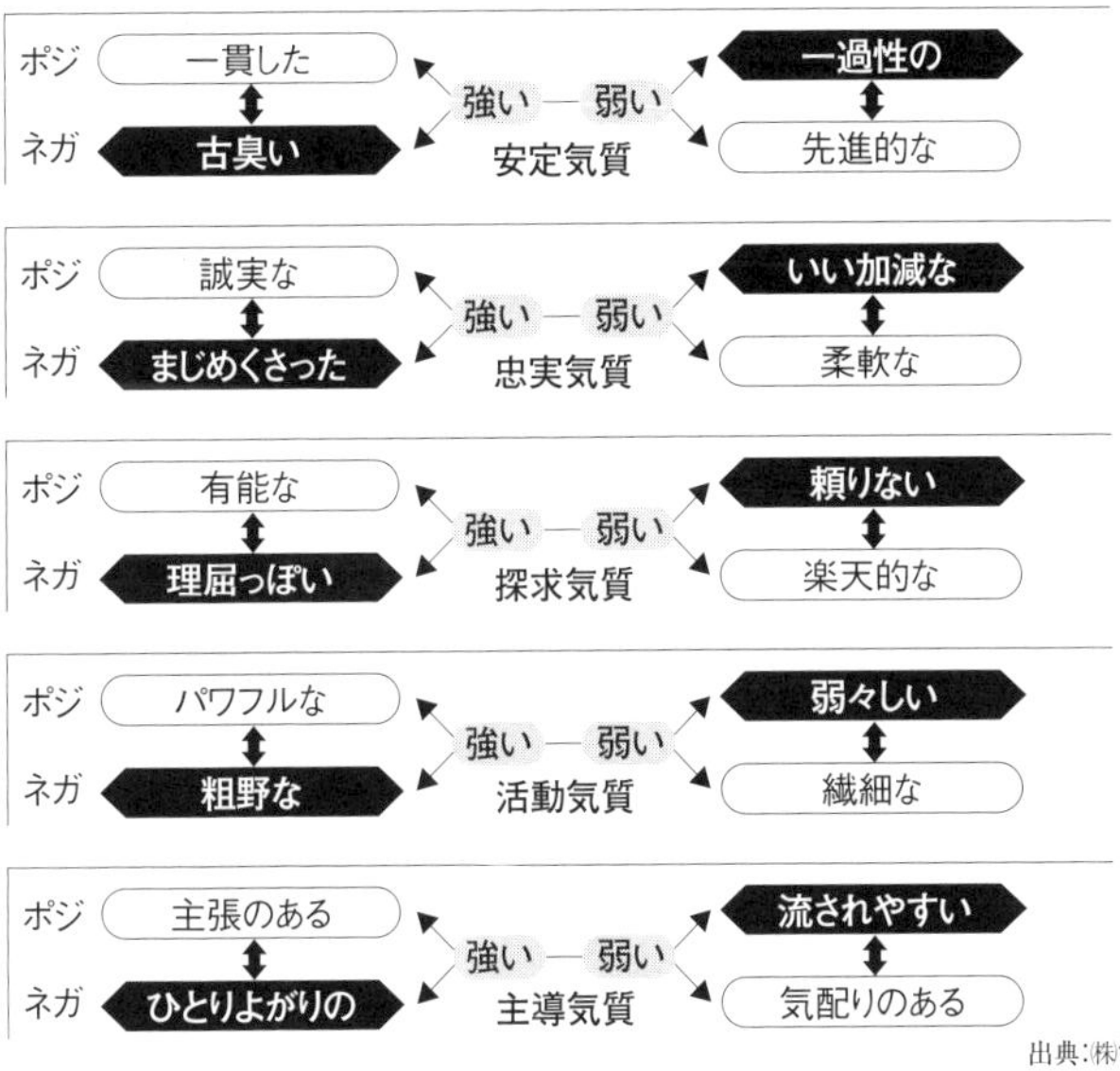

出典：㈱電通

主導気質とは、自分の主張を打ち出す強さに関する気質である。この気質が強ければ「主張がある」となり、弱ければ「気配りのある」という表現になる。「主張がある」も「気配りのある」も、ともにポジティブな価値判断を表す形容詞であり、これらがネガティブな価値判断をされると「ひとりよがりの」「流されやすい」と表現されることになる。つまり、一つの気質に対し、その気質が強く影響しているのか、弱く影響しているのかによって、パーソナリティ特性が分かれることになる。さらに、それぞれのパーソナリティ特性がポジ・ネガの側面を併せ持つことから、一つの気質に対して四つの異なるパーソナリティ特性が関係することになるのである。

(5) パーソナリティ特性を分類する

最後に、特定したパーソナリティ特性の分類を行う。ここでは、最初に一〇のパーソナリティ特性を特定し、その後、意味が反対のパーソナリティ特性を追加して特定したので、最終的には二〇のパーソナリティ特性を対象とすることになる。今回はモデルケースなので、我々の過去の調査結果から〈活力感〉〈信頼感〉〈親しみやすさ〉という因子にかかわる意味合いを特定して分類を行った（実際に分類を行う際には、それぞれの特性を分析しなければならない）。そして、この三分類に従ってパーソナリティ特性の基本枠組みを再配置した。その結果が**図7-5**である。

図7-5の意味合いを見ていくと、図中のグループ1（G1）は、安定気質の「弱」、主導気質の「強」、活動気質の「強」で構成されている。各気質のポジティブな表現を組み合わせると「先進的で主張があり、パワフル」ということになる。したがってこのグループは、〈活力感〉の高さを表していることがわかる。

図7-5◉パーソナリティ特性の分類

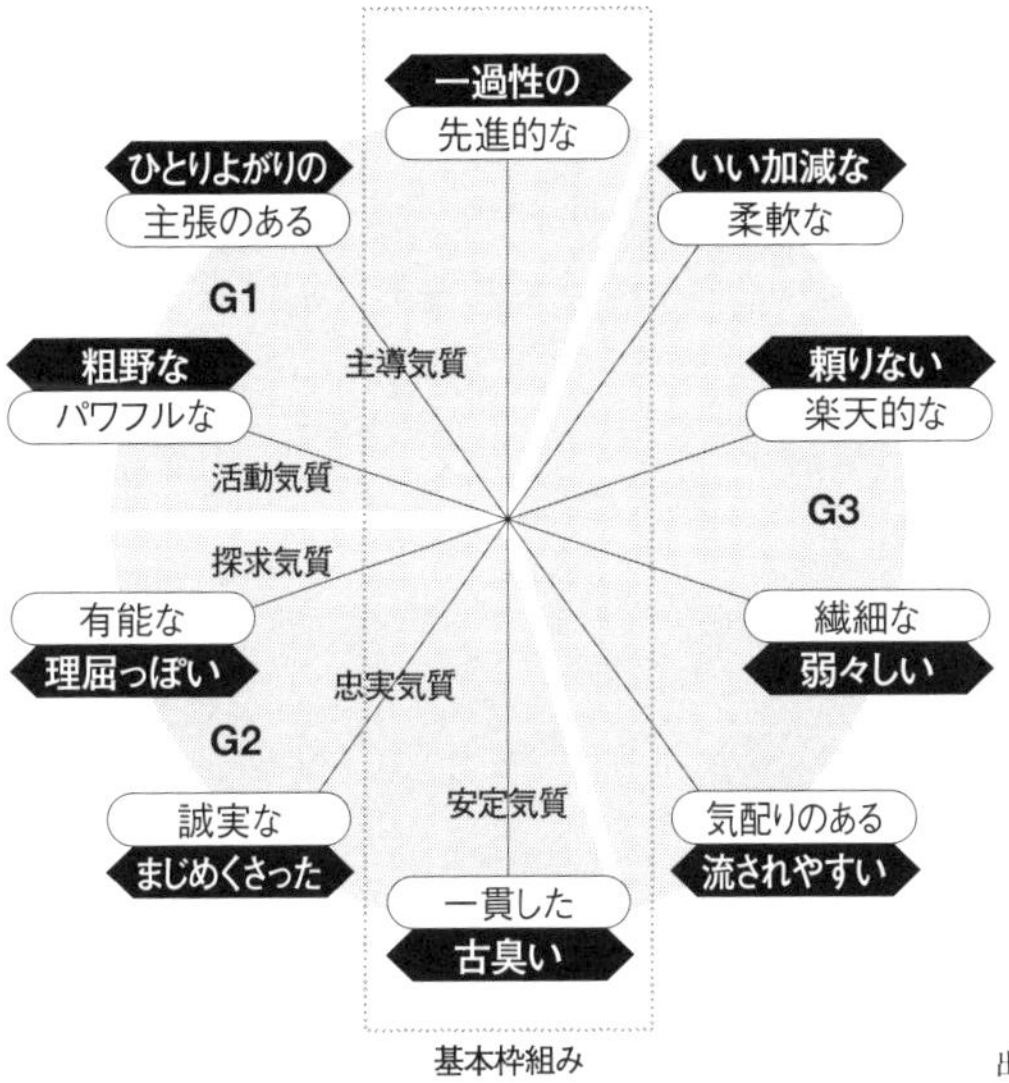

出典：㈱電通

グループ2（G2）は、探求気質の「強」、忠実気質の「強」、安定気質の「強」で構成されている。同じくポジティブな形容詞で表現すると「有能で、誠実で、一貫性がある」となり、〈信頼感〉というイメージに結びつく。

グループ3（G3）は、忠実気質の「弱」、探求気質の「弱」、活動気質の「弱」、主導気質の「弱」の四つで構成されている。それぞれのポジティブな形容詞を組み合わせると「柔軟で、楽天的、かつ繊細で気配りのある」となり、

〈親しみやすさ〉というイメージにつながることがわかる。

このようにして組み上げたのが、ブランド・パーソナリティ構造モデルである。ここではモデルケースでの説明となったが、軸となる気質を設定し、関係するパーソナリティ特性を配置し、さらにパーソナリティ特性の分類を行って全体構造をとらえるので、ブランド・パーソナリティの多面性にも十分対応できる。この構造モデルを使ってブランド・パーソナリティを分析することで、ブランド・アイデンティティとブランド・イメージのズレを検証し、修正していくための有効な考え方が得られるのである。

なお、ブランド・パーソナリティでよく使われるモデルに、ジェニファー・アーカーのBPS（Brand Personality Structure）モデルがある。(注6)このモデルではパーソナリティを規定する軸を、①誠実因子、②刺激因子、③能力因子、④洗練因子、⑤素朴因子の五つに設定している。BPSと我々の構造モデルとの違いは、パーソナリティの深層部に着目するか、表層部に表出した要素に着目するかである。ジェニファー・アーカーのモデルは、表面に現れたパーソナリティ特性に着目し、それを因子分析した結果に基づくモデルである。一方、我々のモデルでは、パーソナリティの深層部にある気質をパーソナリティ特性に加えて、表層部のパーソナリティ特性との関係を明確にしている。

図7-6●主導気質で見たパーソナリティ特性の関係性

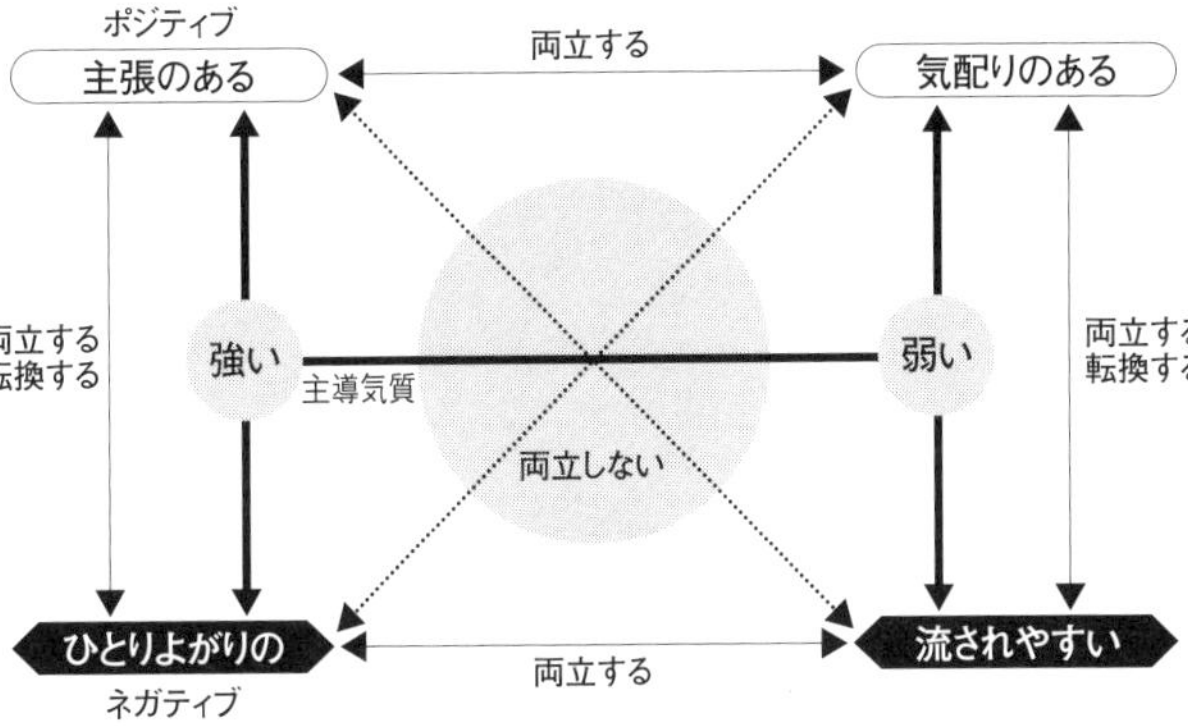

出典:㈱電通

ブランド・パーソナリティ構造モデルの使い方

それでは、このブランド・パーソナリティ構造モデルをどのように使えばよいのだろうか。それを知るために、主導気質を含む基本枠組みを例にして、パーソナリティ特性の関係性を整理しよう(注7)(図7-6を参照)。

一つの基本枠組みにある気質以外の四つのパーソナリティ特性には、以下の三つの関係性が成り立つ。実際、ブランド・パーソナリティは複数のパーソナリティ特性で構成されるケースがほとんどなので、パーソナリティ特性間の関係とそのルールをよく理解しておく必要がある。

■同じブランドにおいて、意味が反対のパーソナリティ特性は両立しない。（たとえば「主張のある」と「流されやすい」）

■同じブランドにおいて、気質の「強い」（または弱い）側に位置するポジティブとネガティブの特性は両立するが、転換も起こりやすい。（たとえば「主張のある」と「ひとりよがりの」）

■同じブランドにおいて、気質を軸にして両端にある特性がともにポジティブ（あるいはネガティブ）であれば両立する。（たとえば「主張のある」と「気配りのある」）

このことは、パーソナリティの原点に返って、我々が日常生活において抱く対人イメージに当てはめるとわかりやすい。自己主張のある人と、周囲に流されやすい人は対極的な存在であり、一人の人間に対して両方のイメージを持つことはない。また、ひとりよがりだけれど気配りもするという人もいない。しかし、自己主張のある人がえてしてひとりよがりになったり、気配りを忘れない人がそのために流されてしまったり、評価が転換することはよく経験することである。そして、自己主張はするが他人への気配りも忘れない人に対して、我々はきわめて良い印象を持つ。反対に、ひとりよがりのくせに流されやすい人には、悪い印象しか抱かない。

ブランド・パーソナリティに対しても、人は同じような反応を示す。たとえば主導気質を強調するブランド・パーソナリティを打ち出したとしよう。このとき、「主張のある」という特性を強調しすぎると、えてして「ひとりよがりの」というポジションに陥ってしまうことになる。これは、企業のブランド戦略における失敗が原因となることもあるし、競合他社の戦略によってそうしたポジションに追いやられてしまうこともある。

このような場合、気質を軸として反対側の特性に注目し、そのポジティブな特性である「気配りのある」を強調することで、ネガティブな特性（「ひとりよがりの」）を薄めたり、その結果、ポジティブな特性（「主張のある」）へとシフトさせたりすることができる。たとえて言うならば、シーソーの原理のように、片方が重くなりすぎてしまったら、もう片方に重量を加えてバランスをとるようなものだ。

「気配りがある」を強調することで反対側の「主張のある」が強化されるというのはわかりにくいかもしれないが、その理由は、「主張のある」と「ひとりよがりの」の関係にある。両特性はポジ・ネガの関係であるから、主導気質が強く出すぎるとポジティブな印象（「主張のある」）からネガティブな印象（「ひとりよがりの」）に評価が転換する。そこで、「ひとりよがりの」を「主張のある」に転換するためには、主導気質を軸として反対側の特性を強調する必要がある。そのとき、わざわざネガティブな特性を強調する必要はない。したがって、「気配りがある」を強調することで「ひとりよがりの」が薄められ、その結果「主張のある」が強化されることになるのである。

この場合、「ひとりよがりの」を解消しようと「主張のある」を強調しても、ほとんど効果は上がらない。かえって「ひとりよがりの」のイメージが増幅されるばかりである。

もともと、主導気質を強く打ち出して確立したブランドであるならば、軸の反対側を多少強調しても、パーソナリティが一八〇度変更されることはない。むしろ、主導性という軸において、「主張がありながら、気配りもある」という成熟したブランド・パーソナリティを獲得することができるのである。

3 トヨタ・ブランドのパーソナリティ分析

ブランド・パーソナリティ構造モデルを使ったブランディングは、一般的に顧客のブランド・イメージ調査から始められる。ブランド・パーソナリティはそもそもが比喩であるため、既存ブランドを考える場合、ブランドの具体的な特徴である属性などと違って企業があらかじめ規定することは困難であり、顧客のイメージから洞察を引き出すことが重要な第一歩となるからだ。以下に紹介するトヨタ・ブランドの場合も、顧客のブランド・イメージ調査がブランディングの重要な出発点となっている。

周知のとおり、今日の自動車業界はグローバル規模での競争が激化している。生き残りのために活発な技術提携が進められた結果として、今後、機能面での差別化はますます難しくなることが予想される。そこで世界の自動車メーカーが注力し始めたのが、グローバルなブランド・マネジメントである。しかも、そのテーマは従来のような機能ベネフィットを強調することではなく、情緒ベネフィットやパーソナリティを打ち出す方向にある。

トヨタも、グローバル競争で勝ち抜いていくためには、この流れを無視することはできない。グローバルなブランド戦略のフォーカシングを行わなければならないのだ。

また、トヨタは乗用車にはじまり、高級車や商用車に至るまでのラインナップを持っている。さらに、環境・安全・ITSなどの先進技術に対する取り組みや、F1を筆頭にモータースポーツ活動も積極的に行っており、活動分野は非常に幅広い。それゆえに、企業と顧客それぞれに膨大なブランド知識が蓄積されている。それが同社の競争優位の源泉となっていることは間違いないが、知識量が膨大すぎて一言で言い表せないという問題もある。ブランドの顔ともなるブランド・パーソナリティを明確にすることは、トヨタにとって重要な役割を果たすと考えられる。

ここで取り上げた調査は、海外における地域ごとのコミュニケーション施策への示唆を得る目的で行ったものである。トヨタではこの種の調査を各国で実施しており、これもそのうちの一つである。アメリカを調査地域に選んだのは、ビッグ3と言われるGM、フォード、ダイムラークライスラーとヨーロッパの主要メーカーが、グローバル競争における主要市場と見なしてしのぎを削っている地域だからである。

なおトヨタは、コーポレート・ブランドのトヨタとは別に「トヨタ」「レクサス」というカテゴリー・ブランドを有しているが、この調査で対象としたのはカテゴリー・ブランドとしての「トヨタ」である。

トヨタ・ブランドのパーソナリティ

まず、アメリカ主要都市の一般消費者を対象に、ブランド・パーソナリティをはじめとするブランド・イメージに関してアンケート調査を行った。この調査の基本的な分析アプローチは、トヨタ・ファンとそうでない人たちのイメージを比較するというものである。そして調査の狙いは、そのギャップからトヨタのブランド・パーソナリティに関する課題を考察して、今後の施策に対する洞察を得ることである。

トヨタ・ファンかどうかの判断には、現在トヨタ車のユーザーであるか（行為）と、次のクルマをトヨタにしたいか（態度）の二つの基準を使った。それに基づく問いに対する回答によって、顧客は、現ユーザーでなおかつ次のクルマもトヨタが欲しいと答えたグループ（Aグループ）、現ユーザーだが次のクルマにトヨタは欲しくないと答えたグループ（Bグループ）、ノン・ユーザーだが次のクルマはトヨタが欲しいと答えたグループ（Cグループ）、ノン・ユーザーでなおかつ次もトヨタは欲しくないと答えたグループ（Dグループ）に分けられた。しかし、現ユーザーのほとんどは次もトヨタが欲しいと回答していたこと

図7-7◉事例紹介:トヨタ❶

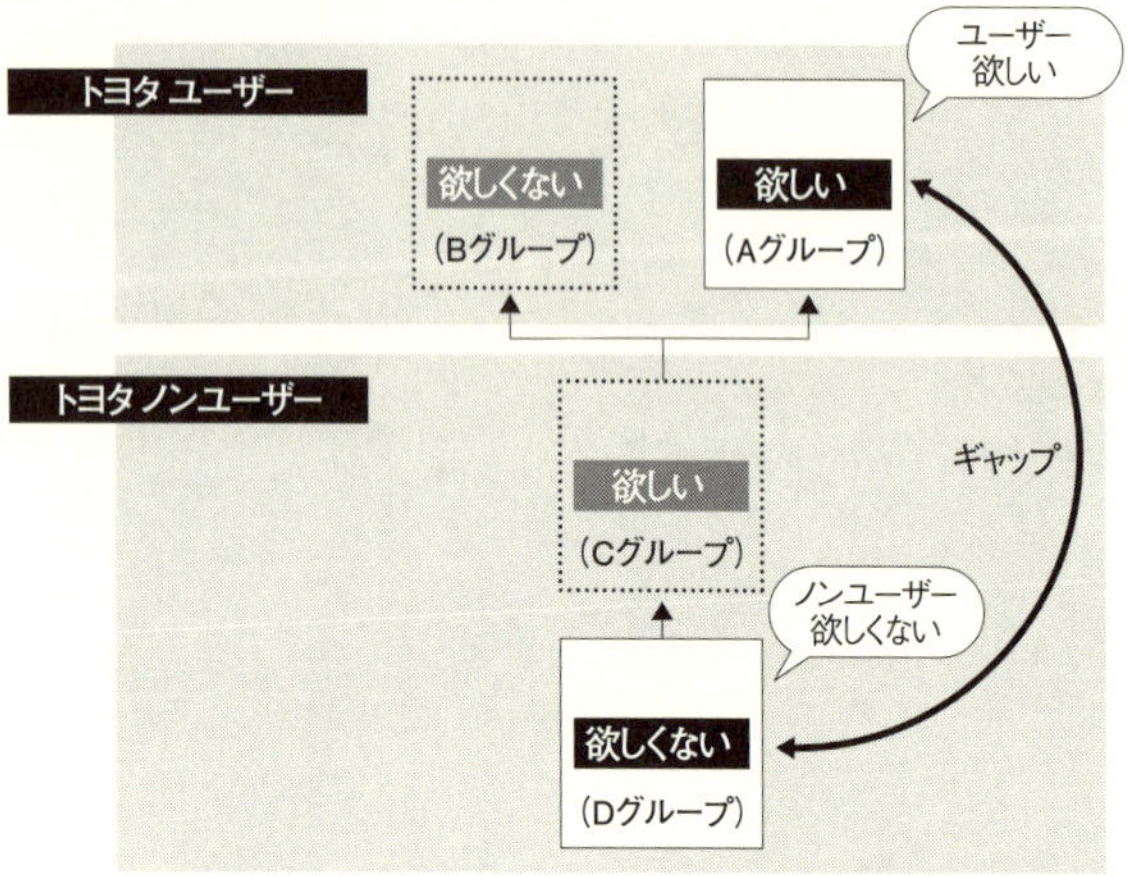

から、AグループとDグループの回答を比較分析することになった(図7-7を参照)。Bグループがほとんどいなかったということは、ユーザーは基本的にトヨタ車に満足していることを示唆している。

この比較分析から言えることはこうだ。Aグループはトヨタに対して最も高い評価を与えており、そのイメージは理想的なブランド・パーソナリティだといえる。一方、Dグループはトヨタをあまり評価しておらず、そのイメージは現状のブランド・パーソナリティとしては最悪のものと考えられる。したがって、両者を比較してそのギャップを分析すれば、顧客が抱いているトヨタのブランド・パーソナリティにおける課題を見つけることができる。

Aグループの解析結果を図示したものが、図7-8の下側である。パーソナリティ特性の円の大きさは、イメージの強さを表している。また、ここに表記したパーソナリティ特性は、前節で解説したモデルケースの形容詞と同じものを使用している。

断っておくが、このトヨタの事例ではどの項目に対しても肯定的なポジションを得ているが、こうした評価はどのブランドにも当てはまるわけではない。他のさまざまなブランドで同様の調査を行ってみると、ポジティブ評価とネガティブ評価が混在しており、このような好ましいポジションを得ることはまずない。この結果は、Aグループの顧客が、まだ買い替えを考えていないから次もトヨタと回答しているのではなく、トヨタに満足し、積極的に購入しようと考えていることを示唆している。トヨタ・ブランドの強さが浮き彫りになった結果である。

図をよく見ると、まず忠実気質の「強」である「誠実な」というイメージの大きさが目につく。これは同社の最大の強みである品質の高さを物語るものだ。また、同じ軸の「弱」である「柔軟な」も大きいことに注目したい。これはこの軸において、非常に好ましい成熟したイメージを獲得していることを示している。事実、この気質の否定的イメージである「まじめくさった」(強)と「いい加減な」(弱)は、どちらも非常に小さい。

図7-8◉事例紹介：トヨタ❷

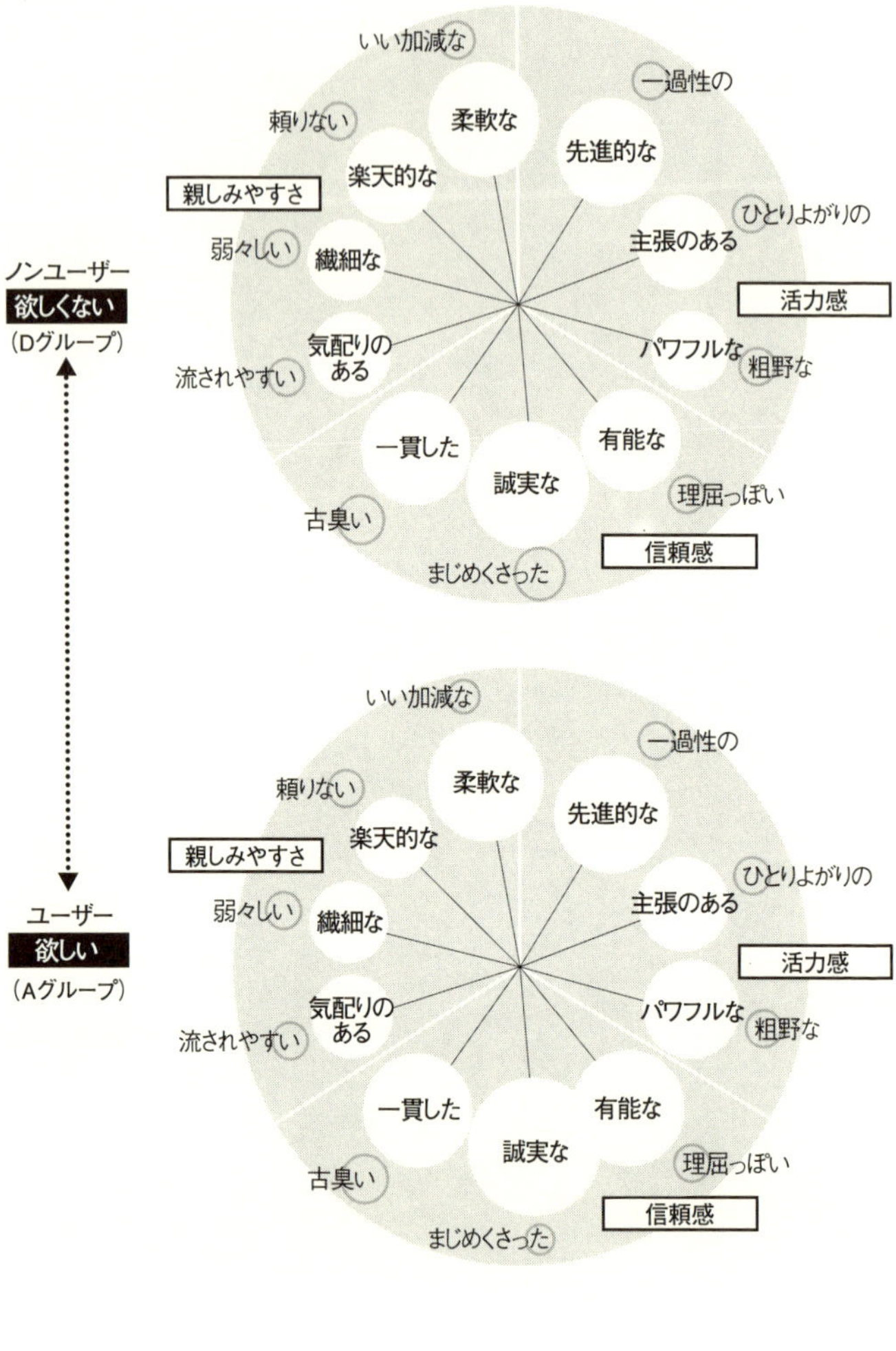
ノンユーザー
欲しくない
（Dグループ）
ユーザー
欲しい
（Aグループ）
いい加減な
一過性の
柔軟な
頼りない
先進的な
楽天的な
親しみやすさ
ひとりよがりの
主張のある
弱々しい
繊細な
活力感
気配りのある
パワフルな
粗野な
流されやすい
一貫した
有能な
誠実な
理屈っぽい
古臭い
信頼感
まじめくさった

ところが、主導気質に注目すると、強の肯定的イメージである「主張のある」と、弱の肯定的イメージである「気配りがある」が他の気質に比べて小さい。また、これらの否定的なイメージ、特に「流されやすい」の大きさが気になるところである。

トヨタはこれまでどちらかといえば、性能の良さ、品質の高さで顧客の信用を勝ち取ってきた。ベンツ、ボルボ、ホンダなどに比べると、個性という面では強みを発揮してこなかった。このような点が、「主張のある」というイメージの相対的な小ささと、逆に位置する「流されやすい」の相対的な大きさの原因ともいえよう。

一方、改善されるべきブランド・イメージと想定されたDグループの分析結果（図7-8の上側）を見ると、Aグループよりも、すべてのイメージが希薄（円が小さい）である。ブランド・イメージは実際の購買・使用経験と、それに伴って蓄積されるブランド知識の質と量によって強く影響されるため、経験が豊富なAグループのほうが、イメージが豊かで鮮明になるのは自然なことである。

それよりも注目すべきは、Dグループにおいて否定的なイメージがほとんど存在しないことである。ブランドを最も低く評価するグループにおいても否定的なイメージがほとんどないということは、きわめて稀なことである。DグループもAグループと同様に肯定的イメージが強いので、今後ノン・ユーザーが経験や知識を得ることでトヨタのファンになる可能性は大きいといえる。

競合ブランドと比較する

次に、トヨタ・ブランドを競合ブランドと比較した。比較対象には、アメリカ市場で一位と二位のシェアを持つフォードとシボレーを置いた。トヨタを含め、三つのブランドのイメージを比較したのが図7－9である。

三つともに高い評価を得ているのは、〈信頼感〉につながる「誠実な」という項目である。それに加えて、トヨタは「有能な」という項目も強く、総合的に同社の〈信頼感〉の高さにつながっていると考えられる。次に〈活力感〉を見ると、「パワフルな」「主張のある」ではフォードとシボレーが強いが、トヨタは「先進的な」でほかよりも強く、差異化を生み出しているといえる。最後に〈親しみやすさ〉では、トヨタは個別のパーソナリティ特性では「柔軟な」がほかよりも強いが、全体的な〈親しみやすさ〉につながっていないのが見て取れる。

しかし、「信頼できるブランドは?」「活力を感じるブランドは?」「親しみやすいブランドは?」とゴールから逆に問いかけた結果を見ると、三ブランドのなかで最も信頼できる

図7-9◉事例紹介:トヨタ❸

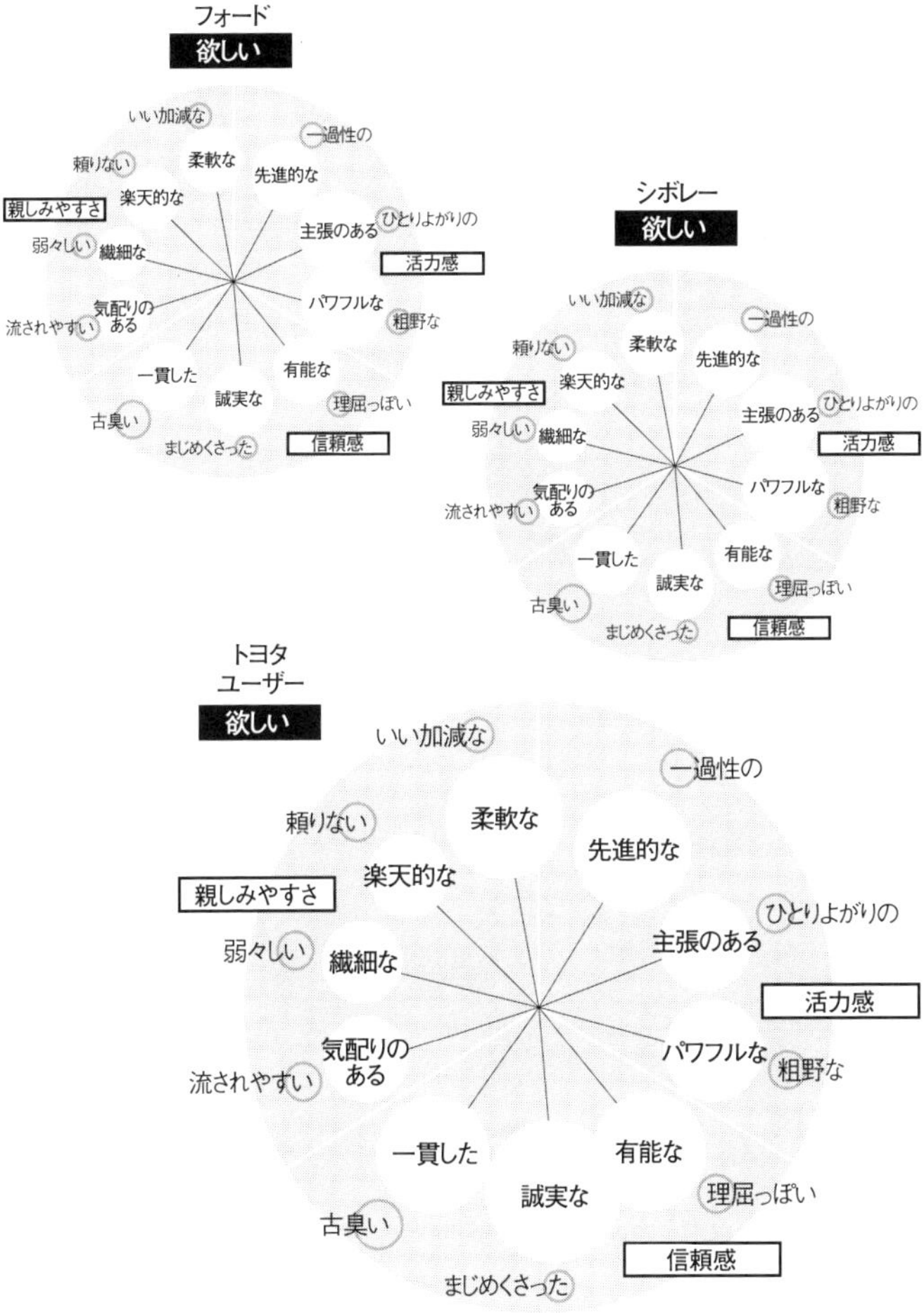

のは圧倒的にトヨタであり、「トヨタ⇕信頼感」の連想は確立されているといえる。〈活力感〉を感じるのもトヨタがトップであった。

ただし、〈親しみやすさ〉からの連想は、やはりフォードやシボレーのほうが高かった。これは、自国のメーカーであることと販売台数から連想される影響が強いためと考えられる。つまり、国内でトップシェアを獲得しているメーカーの〈親しみやすさ〉因子の評価が高いことは当然であり、他メーカーが戦略国でのシェアを上げるには、〈親しみやすさ〉因子の数値を高めることが必要条件になるのである。

このようにブランド・パーソナリティ分析から、アメリカでのトヨタは〈信頼感〉で確固たる存在感を示し、〈活力感〉あるブランドとして認められているものの、〈親しみやすさ〉のイメージで上位ブランドよりも弱いポジションにあることがわかる。

■ 属性、ベネフィットとブランド・パーソナリティを組み合わせる

第5章で説明したように、機能・情緒・自己表現ベネフィットおよび属性は、それぞれに関係性を持っており、当然、ブランド・パーソナリティとも密接な関係性を持っている。そこで、それらを組み合わせて検討した。

図7-10◉事例紹介:トヨタ❹

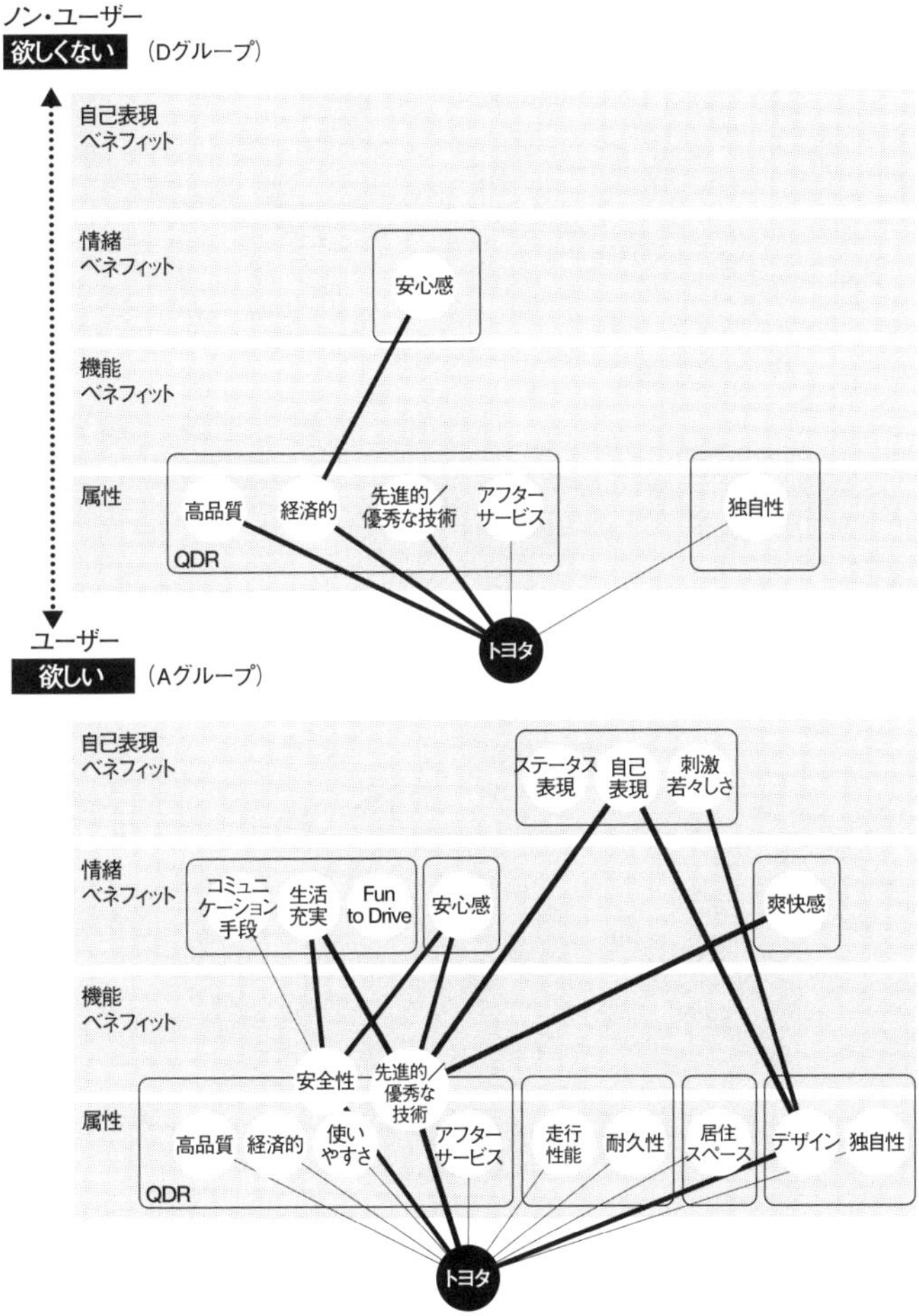
ノン・ユーザー
欲しくない
(Dグループ)
自己表現
ベネフィット
情緒
ベネフィット
安心感
機能
ベネフィット
属性
高品質
経済的
先進的/
優秀な技術
アフター
サービス
QDR
独自性
トヨタ
ユーザー
欲しい
(Aグループ)
自己表現
ベネフィット
ステータス
表現
自己
表現
刺激
若々しさ
情緒
ベネフィット
コミュニ
ケーション
手段
生活
充実
Fun
to Drive
安心感
爽快感
機能
ベネフィット
安全性
先進的/
優秀な
技術
属性
高品質
経済的
使い
やすさ
アフター
サービス
QDR
走行
性能
耐久性
居住
スペース
デザイン
独自性
トヨタ

属性とベネフィットの関係から先に見てみよう（図7－10を参照）。ここでは、属性と各ベネフィットのコンテクストは、定量調査によるデータを多変量解析した結果に基づいて記してある。

Aグループを見ると、属性と機能ベネフィットについては深く理解している。特に、属性である「先進的／優秀な技術」を起点として「安全性」「デザイン」がそれを補完する形で、「安心感」や「生活充実」「爽快感」といった五つの情緒ベネフィットにつながり、さらに「ステータス表現」「自己表現」といった自己表現ベネフィットに達するコンテクストが構築されている。トヨタが誇る品質の高さに加え、先進技術の高さがユーザー層にはよく理解されており、それらの属性が情緒ベネフィットへとつながっているのである。

一方、Dグループでは属性の「高品質」「経済的」「先進的／優秀な技術」では一定の認知を獲得しているが、これらが情緒ベネフィットにはつながっていない。わずかに「安心感」へとつながっているが、全体的に連想が弱いと言わざるをえない。

両グループを比較すると、ブランド連想全体の広がりに大きな差があることがわかる。Aグループは豊かなブランド連想が構築されている。さらに内容を考察すると、「先進的／優秀な技術」を起点とするメイン・コンテクストがあり、「デザイン」「安全性」を起点とするサブ・コンテクストがこれを補完している。Dグループでは「経済的」を起点に「安心感」へとつながる一つのコンテクストしかない。

ここで注目すべきなのは、両グループの「安心感」につながるコンテクストである。Dグループは「経済的」を経由しての「安心感」になっており、これは「お金がかからないから安心」という意味である。これに対してAグループは、「先進的／優秀な技術」を経由しての「安心感」であり、「トヨタの技術は進んでいるから安心」という意味である。これでは、AグループとDグループでは、トヨタに対する期待がまったく違うといってよい。同じ安心感でもその意味内容が違っているのだ。

次に、属性とベネフィットとブランド・パーソナリティの関係で見てみよう。図7-11を見てほしい。Aグループでは「先進的／優秀な技術」が「安心感」ではなく、「爽快感」や「自己表現」を経由して「先進的な」といったパーソナリティ特性とコンテクストを形成している。一方、Dグループでは、「安心感」から「誠実な」を過ぎて、ネガティブな特性である「まじめくさった」までつながっており、ここでのコンテクストは「お金がかからないから安心なだけで、つまらない」と意味づけられよう。

このようなブランド・パーソナリティと属性およびベネフィットのコンテクストからは、以下のようなことが考えられる。

まず、AグループとDグループの比較からは、パーソナリティ特性と属性、ベネフィットのコンテクストの広がりとつながりの強さ、および意味合いに関して圧倒的な差が出た。「安心感」のコンテクストだけからは、ブランド経験（ユーザー／ノン・ユーザー）による差がそのまま影響しているように考えられるが、属性・ベネフィットとのコンテクストで見ると違いが明確に理解できる。両グループの比較からは、パーソナリティ特性である「先進的な」と「誠実な」につながるコンテクストで明確な差が出た。

筆者の解釈ではあるが、こうした差が表れるのは、Aグループはトヨタの最近のモデルをイメージしてコンテクストを形成しており、一方のDグループは一世代前の日本車をイメージしてコンテクストを形成しているためではないかと考えられる。つまり、最新型の装備が充実しているトヨタを経験したAグループと、昔の日本車からイメージの更新がなされていないDグループとのコンテクストの違いなのである。

次に、顧客の理想のイメージを想定する目的で、Aグループの現状のイメージを考察する。Aグループはパーソナリティ特性とつながっている属性、ベネフィットが多いことは先に説明したが、そのなかでも注目すべきは、「先進的／優秀な技術」や「デザイン」など、トヨタが現在注力している属性が中心となってブランド・パーソナリティとつながっていることである

トヨタは従来から高品質という評価を得ていたが、その内容は「耐久性」や「つくりの

図7-11◉事例紹介:トヨタ❺

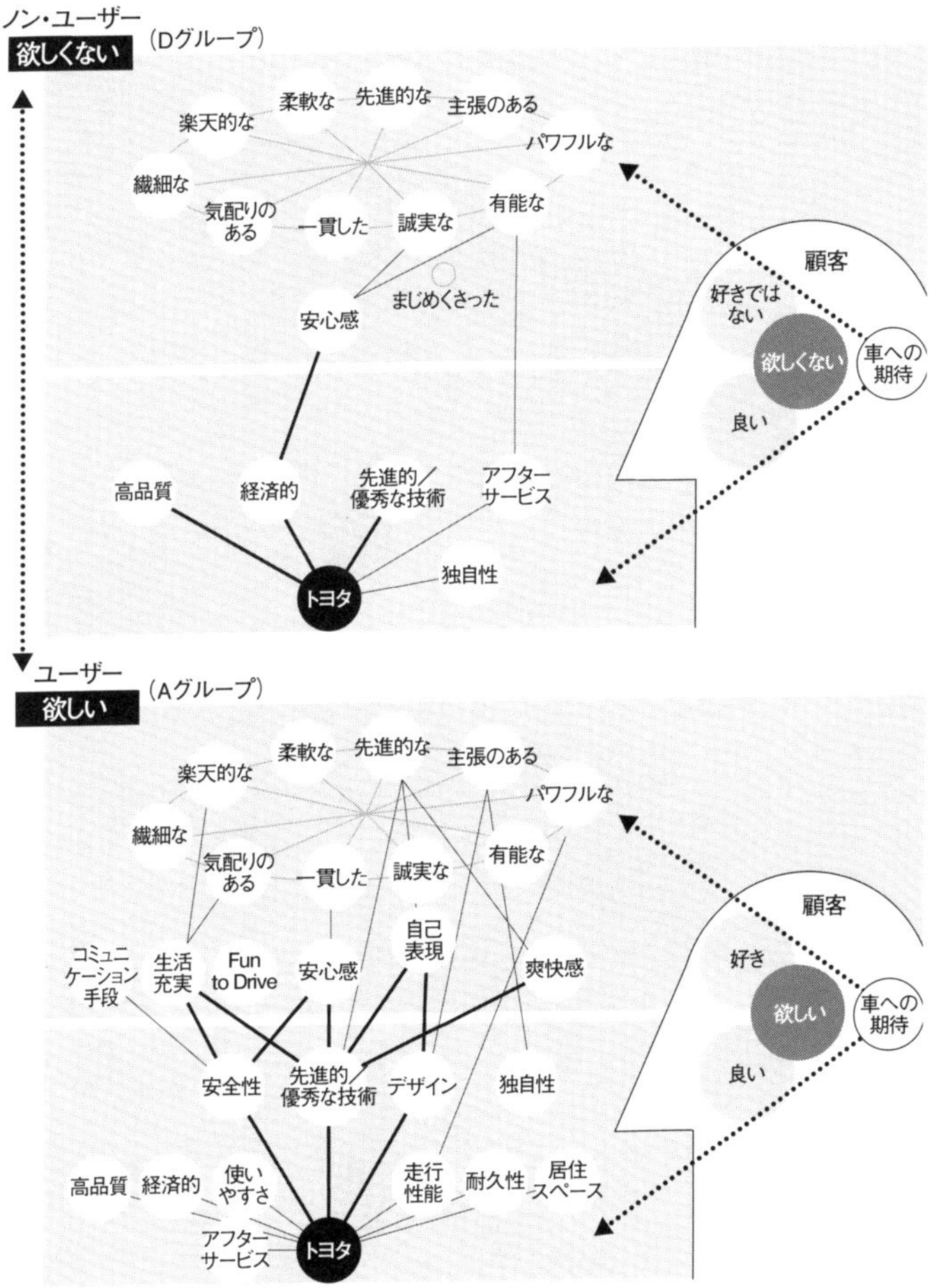

良さ」であった。より顧客に魅力的な品質を提供するとなると、必要なのはより先進的な技術であり、斬新なデザインである。ユーザーにはそのことが伝わっているため、「先進的／優秀な技術」「デザイン」からベネフィットを通じて優位性のあるパーソナリティ特性につながっていると考えられる。つまり、望ましいブランド・パーソナリティを獲得するためには、それと整合性のある属性、ベネフィットの存在が重要なのである。

整合性を欠いたケースを考えてみよう。仮に、A社のクルマはよく故障するとのイメージが顧客にあったとする。当然、ブランド・パーソナリティも〈信頼感〉に関する評価が低くなる（「よく故障する→不安な」）。ブランド担当者はそれを改善するための戦略を考えるわけだが、信頼イメージを上げようとブランド・パーソナリティだけを変更しても、属性やベネフィットとの整合がとれなければ、何の効果も期待できないのである。ややもすると、「有能な（と言っている）→（だけど実際は）よく故障する→信用できない」といった最悪のコンテクストになってしまう。

顧客の態度を分けるポイントを知る

さらに、いままで見てきた分析結果に態度（ここでは積極的な評価）を組み合わせることで、顧客が「欲しい」「欲しくない」に分かれるポイントが浮き彫りになってくる。

顧客は「欲しい」「欲しくない」を評価する前に、ブランド（ブランドが属するカテゴリーの場合もある）に対して独自の期待を抱く。この期待に基づいてブランドへの態度が決定されるわけだが、このケースでは、「好き・嫌い」「良い・悪い」という二つの態度が統合されて、最終的に「欲しい」「欲しくない」という態度が決定されるように設定してある。

図7－11の下側を見てほしい。Aグループでは、「良い・好き→欲しい」という態度が決定されており、現時点では、ほぼ理想のブランド・イメージが形成されていると考えられる。豊かな自己表現ベネフィット、情緒ベネフィットを感じ、好ましいブランド・パーソナリティを抱いていることが、「好き」という態度決定に強い影響を与えているのである。また、属性、機能ベネフィットに関する評価の高さが「良い」という態度につながっている。だからこそ、ユーザーが次回購入するときもトヨタが「欲しい」という態度につながるのである。

一方、現状で「欲しくない」と評価しているDグループでは、「安心感」という情緒ベネフィットしか抱いておらず、パーソナリティも「まじめくさった」という否定的なパーソナリティ特性が浮き上がっている。これらの影響により「好きではない」という態度につながってしまうのである。ただし、属性、機能ベネフィットに関しては、トヨタへの全体評価が低いにもかかわらず「良い」との態度である。これは、「品質」「経済性」への評価が低くないことが理由だと考えられる。

ブランド・パーソナリティの視点から見たトヨタの強化ポイント

これまで述べてきたトヨタのブランド・イメージの考察を整理して、アメリカにおけるブランド戦略の方向性を検証してみたい。本章のテーマであるブランド・パーソナリティの視点から考えよう。

理想を言えば、パーソナリティ特性の基本枠組みをすべて高いレベルでポジ・ポジの関係にすることであるが、現実的にはそれは無理な要求である。また、競合との差別化を考えたとき、どの特性を強調するかをはっきりさせることが重要である。

ブランド・パーソナリティの特性間のコンテクストから見た強化ポイント

まず、パーソナリティ特性のネガティブ側の検証をしてみよう。

トヨタのブランド・パーソナリティはAグループ、Dグループともネガティブ評価が少ないが、「流されやすい」「古臭い」は課題となるパーソナリティ特性である。AグループとDグループの間で最もギャップ差があったのは、「誠実な」と「まじめくさった」のポジ・ネガの関係である。トヨタの傾向として、もともと「一貫した」と「誠実な」の特性は強く表れているので、行き過ぎるとネガティブに転換しやすい。そこで、気質を軸とした逆側の「先進的な」と「柔軟な」を強調して、ポジ・ポジの関係にすることが目標の一つとなる。

さらに、もう一つの「流されやすい」を「気配りのある」に引き戻すために、まずは、逆側のポジティブ特性である「主張のある」を強調することも短期目標となろう。

一方、基本枠組み内のポジティブ特性間のイメージを比較すると、ギャップがあるのは「有能な」と「楽天的な」、「誠実な」と「柔軟な」、「一貫した」と「先進的な」である。トヨタの場合、ややもすると〈信頼感〉因子に関するパーソナリティ特性が強すぎて、特性間のバランスが崩れる傾向が見て取れる。それを避けるためには、「楽天的な」「柔軟な」「先進的な」の強化が必要になる。

反対に、〈親しみやすさ〉因子に関するパーソナリティ特性は、〈信頼感〉因子、〈活力感〉因子のそれに比べて弱い。逆側の特性とのバランスを考えながら、徐々に強化していく必要があろう。

ブランド・パーソナリティのポジショニングでは、競合（ここではフォードとシボレー）との相対評価を行い、差別化を図ることが必要になる。自分だけの絶対評価で、ブランド・パーソナリティの評価を決定することはできない。

トヨタは〈信頼感〉因子に関する評価がもともと高いので、〈信頼感〉に関する特性だけを強調しすぎてネガティブに転換することは避けるべきだ。それよりも、〈活力感〉因子に関する評価はおそらく最近上がってきているものであろうから、このまま強調していくことが大切である。

なぜなら、アメリカではトヨタのシェアは四番手であり、〈親しみやすさ〉因子に関するパーソナリティ特性を成長させていくことが必要であるが、それにはまず〈活力感〉因子から上げていくほうが効率的だからだ。したがって、〈活力感〉因子を強化することを当面の目標とすべきだろう。

属性と各ベネフィットとのコンテクストから見た強化ポイント

パーソナリティ特性間を分析することで、複数のパーソナリティ特性を強調または強化する必要があることがわかった。

ただし、これはブランド・パーソナリティにおける課題であって、属性・各ベネフィットとのコンテクストを考察すると、とるべき方向性が明確になってくる。

先に、AグループとDグループでは「安心感」にかかわるコンテクストが違い、Aグループは「先進的／優秀な技術」が安心感も含め、コンテクストの中核を成していると説明した。つまり、今後トヨタの目指すべきコンテクストは、「先進的／優秀な技術」を核とした広がりと強いつながりのあるコンテクストである。「先進的／優秀な技術」は「デザイン」とともに「先進的な」といったパーソナリティ特性につながっている。このことは、トヨタの現在の行動と姿が一致していることを示しており、ブランド戦略として理想的な展開であるといえる。

このように、トヨタのブランド戦略をブランド・パーソナリティから考察すると、競合とのポジショニングとアメリカにおけるシェアを考えた場合、中期的には、〈活力感〉因子のパーソナリティを強調することがよいと考える。また、それを支える属性と各ベネフィット、トヨタの活動も〈活力感〉因子を支えるものであり、現在の非常に良いバランスを維持することが大切である。

長期的に考えれば、アメリカでのさらなる成長のために、〈親しみやすさ〉因子のパーソナリティを育成することも視野に入れるべきだろう。

【脚注】

（注1）定義は『組織心理学』（林伸二著、白桃書房）から引用した。詳細は同書を参照のこと。

（注2）詳しくは『人格心理学』（鈴木乙史、佐々木正宏著、財団法人 放送大学教育振興会）を参照のこと。

（注3）詳しくは『心理検査・測定ガイドブック』（塩見邦夫、金光義弘、足立明久著、ナカニシヤ出版）を参照のこと。

（注4）本節での議論の多くは、『組織心理学』（林伸二著、白桃書房）をベースにしている。

（注5）ここでの議論は『人格の二面性について』（桑原知子著、風間書房）を参照した。

（注6）ＢＰＳについては、以下を参照のこと。

Jennifer Aaker (1997), "Dimensions of Brand Personality," Journal of Marketing Research, 34 (8), 347-356. Reprinted in a book of readings, in Decisions Marketing, April 1999, and Journal of Brand Management, June 2001.

（注7）ブランド・パーソナリティ構造モデルの詳細に関しては、論文資料「ブランド・パーソナリティ構造モデルとブランド・マネジメントへの応用」（相内正治著）を参考にした。

おわりに

我々二人は、四年前の一九九八年に知り合った。

そのころ石田は、広告代理店のプランナーとして、キャンペーンやブランディングに携わりながらコーポレート・コミュニケーションにもかかわっていた。特に注力したのがリスク管理である。そこでは、広告プランニングとはまったく異なる視点が求められた。企業の不祥事が発覚してマスコミや生活者が当事者である企業の行動や発言を注視しているとき、最も大切なことは、企業に対する世論を正確に読み取り、迅速に的確なメッセージを発していくことである。ここから、企業を取り巻く社会の文脈に企業のメッセージをどのようにつないでいくのかが危機管理のカギだと考えた。危機管理の仕事を通じて、企業のメッセージを社会の文脈につなげていくコミュニケーションの着想を得たのである。

その後、この着想がリスク管理だけでなくキャンペーンでも成立するのではないかと考え、CCP（コンテクスト・クリエイション・プログラム）®と名づけたプランニング・メソッドの開発にとりかかった。それは、キャンペーンのなかで広告やSP、PR手法を統合するために、企業と顧客また社会の文脈を読みながらメッセージを創造するというプログラムだった。このプログラムの意味づけを行い、方法論として確立できないかと、文化論、言語学、認知科学、社会心理学、感性工学、意思決定論など、ブランドの周辺と考えられるさまざまな分野の研究者を訪ね、有益で貴重な「知識」を得た。いま振り返れば、まさにそれは本書を書くにあたっての「コンテクストの探索」だった。

さらに、さまざまな分野の研究者から知見を集め、それを自分なりにまとめる「コンテクストの構造化」の作業をコツコツと進めてきた。しかし、とにかく多くの知見を集めたいとの思いで探索の対象を広げたために、どのようにブランディングの方法論に活かせばよいのかという問題で行き詰まってしまった。そんな折、原点に返るべく、ブランド研究の専門家の話を聞こうと思い、出会ったのが阿久津だった。

阿久津は当時、カリフォルニア大学バークレー校での五年に及ぶ留学と研究生活を終え、母校である一橋大学商学部に着任したばかりであった。バークレー校でブランド論の世界的権威であるデービッド・アーカー教授に師事したこともあり、博士課程で専攻したマーケティングのなかでもブランド論には特に関心が高かった。そこで、心理学や認知科学をベースに、さまざまな角度からブランドを研究するようになっていった。さらにバークレー校の研究員時代には、大学院生時代からお世話になっていた野中郁次郎教授と知識経営論の共同研究をさせていただく機会に恵まれた。

共同研究を通じて組織のなかで知識が創造されるプロセスについての理解を深めていくうちに、阿久津はブランドを介した企業と顧客のダイナミックな相互作用にそのプロセスを拡張することはできないかと模索を始めた。その後、ブランド価値の本質は知識にあり、それが企業と顧客をつなぐ文脈として機能することによってブランド価値が生み出されているのではないかと考えるようになり、文脈を一つのキーワードとして研究を進めていた。文脈という概念は、知識経営の分野ではもちろんのこと、マーケティングの分野でも博報堂の青木貞茂氏などを中心に、その重要性が認識され始めていた。

阿久津はブランド研究者としてのコンテクストを石田に提供するだけでなく、CCPというメソッド、そしてそれをブランディングの方法論にまで体系化したコンテクスト・ブランディングを完成させるための「コンテクストの推敲」を石田と共同で行うことになった。我々二人を結びつけたのは、「ブランド」「知識」、そして「コンテクスト」という文脈であったのだ。

本書で繰り返し述べているとおり、ブランド価値の源泉はブランド知識にある。石田は実践の場で、ブランド知識の重要性を実感してきた。商品の知識となりうるものは、企業のなかだけでなく広く社会に存在する。ウーロン茶の情報を収集するためにその源流である中国の福建省へ行ったり、アセロラの生産地情報を得るためにブラジルへ行ったり、時には宇宙食に食物繊維が多く含まれているという話だけを頼りにＮＡＳＡにまで情報収集に行ったりした。そうして得た情報の深さと面白さは、それまで一生活者として持っていた商品知識とは比較にならないほど奥深いものであった。

これらの知識を、価値を生み出すコンテクストとして機能させるように整理し、戦略シナリオに落とし込む。それに基づいたコミュニケーションによって企業と顧客が知識を共有し、顧客の購買行動がはっきりと変化するのを何度も目にしてきた。

阿久津はコンテクスト・ブランディングにかかわりながら、知識創造の理論と結びつけて考えていた。顧客の知識ベースに、企業が持っている豊かなブランド知識をコンテクストによってつなぐことができれば、企業と顧客の間で深い意味が共有され、さらにそこから新たなコンテクストが生まれる「コンテクストの共創」の場が成立する。それは、企業に競争力をもたらす大きな資産になるだろう。阿久津はアーカー教授とともに、ブランド戦略によって企業の競争戦略と組織文化が統合されることを理論化した論文を著したが、コンテクスト・ブランディングはまさにそれを実践するための方法論である。コンテクストによって組織文化が顧客とつながり、それが顧客にとって価値あるユニークなポジションをブランドに与え、競争優位の源泉となるのである。

これまで個人の力量に任され、経験や勘などまさに暗黙知を頼りに行われることが多かったブランディングだが、これからIT（情報技術）がますます発達することによって、構造化の精度と効率は急速に高まっていくだろう。最新のテキストマイニング・ツールは、企業や顧客などのブランド知識をデジタルに落とし込んだ文書を瞬時に解析し、キーワードを拾い出してリストアップしたり、キーワード間の関係性を特定して数値化したりすることができる。また、ツールを使って解析されデザインされたコンテクスト構造は、より精緻なものになってきた。文書化された知識だけでなく、心の深層にある暗黙知をも顕在化させることができれば、より精度の高いブランディングが期待できる。

もちろん、暗黙知を深く理解するためには直接体験に基づく洞察が不可欠であるが、我々が挑戦してきたブランディングの構造化や、それを高い精度で効率化させるITの進歩によって、効果的なブランディングを広く企業に普及させることができれば、ブランドを担当する実務家の洞察ももっと深まるのではないかと期待している。

本書を出版するにあたっては、多くの方々にお世話になった。ここに謝辞を記したい。

まず、早稲田大学アジア太平洋研究センター国際経営・システム科学研究部門の平野雅章教授、一橋大学大学院国際企業戦略研究科の大薗恵美講師、株式会社ハートウェア21代表取締役の青山修二氏は、我々二人を引き合わせてくださっただけでなく、数多くの研究者や専門家の方々からアドバイスや知見をいただく作業にも一部お付き合いくださった。ここで一人ひとりのお名前を挙げることはできないが、さまざまな研究領域における専門家の方々の見識が、本書を書くうえで大いに役立っている。この場を借りて心から感謝申し上げたい。

そして、コンテクスト・ブランディングを世に出すにあたっては、以下の方々と「コンテクストの内部共有」をさせていただき、多大なるご協力を得た。まず、今回の出版に関してご支援いただいた株式会社電通の足立勝彦局長、庄野久局長、桑原和彦次長、丸岡吉人部長、池永忠裕部長、堀川勇司主務、相内正治主務、田中耕平主務、窪田秀行主務、石谷聡史主務、逢坂剛典社員、二宮宗社員、また諸先輩や同僚、株式会社コムデックスの萩原千史専務や山田優常務をはじめとする皆様、フリーランス・ライターの鎌田淳司氏、ダイヤモンド社の岩佐文夫氏である。特に記して感謝したい。

以上の方々に加えて、特に石田は、本書でも一部事例として紹介させていただいたクライアント企業の方々にお礼を述べたい。コンテクスト・ブランディングを実践に活かせる方法論として完成させるには、この方法論に理解を示してくださり、実際に取り入れてくださったクライアント企業の方々のご協力が不可欠であった。株式会社ニチレイの秋山修様、サントリー株式会社の齋藤和弘様、株式会社ミツカングループ本社の喜多徹様、トヨタ自動車株式会社の田端克佳様（順不同）をはじめとするクライアント企業の皆々様には心からお礼を申し上げたい。

阿久津は、先述のアーカー教授と野中教授、そして所属する一橋大学大学院国際企業戦略研究科（ＩＣＳ）の研究科長である竹内弘高教授をはじめ同僚たちに、知的な刺激を与え続けてくれたことを感謝したい。また、卒業生も含めた一橋大学商学部阿久津研究室の学生諸君との議論も有意義だった。とりわけ校正の手伝いをしてくれた徳永麻子君、山田由紀君、内沼晋太郎君に感謝したい。

このように、本書は阿久津と石田が仕事の上でお付き合いいただいた多くの方々のご支援によって生まれたものである。それを十分に承知したうえで、最後に一言ずつ、プライベートな感謝の意を述べることをお許しいただきたい。阿久津は、本書の執筆が教務の妨げにならないよう、早朝や深夜、週末を主な執筆の時間に充ててきた。あたたかい協力を惜しまずに最後まで付き合ってくれた妻の向衣子と娘の真理名に感謝の気持ちを記したい。石田は、メソッド開発で苦労を共にした同志である堀川、相内、窪田、石谷、二宮の諸兄から、個人の著作となる本書の作業においても惜しみのない協力を受けたことに心から感謝している。彼らは、職務を超えて頼りになる友人として協力してくれた。本当にありがとう。

二〇〇二年六月

阿久津聡
石田　茂

［著者］

阿久津 聡（あくつ・さとし）

一橋大学大学院経営管理研究科国際企業戦略専攻教授。一橋大学商学部卒業。カリフォルニア大学バークレー校ハース経営大学院にてMS（経営工学修士）およびPh.D.（経営学博士）を取得。一橋大学商学部専任講師、一橋大学大学院国際企業戦略研究科准教授などを経て、現職。専門はマーケティング、消費者心理学、ブランド論、行動経済学、健康経営論。

石田 茂（いしだ・しげる）

株式会社 電通　APソリューション局　シニア・プランナー。1967年（昭和42年）2月24日生まれ。1990年、慶応義塾大学法学部法律学科卒業。同年、株式会社電通に入社と同時にPR局（後コーポレート・コミュニケーション局）に配属。マーケティング・プロモーション統括局を経て現局。
ブランディングおよびマーケティング領域での先端メソッドの開発に従事。平成10年度より、コンテクスト・クリエイション・プログラムを開発。コンテクスト・クリエイション・プログラムによるキャンペーンケースがNYフェスティバルAME賞を受賞。

主な講演歴

日本マーケティング協会	「成熟ブランドの再活性化戦略」
広報学会	「コミュニケーション領域から見たリスクマネージメント」
東京経済大学	「コーポレート・コミュニケーションについての研究」

ブランド戦略シナリオ
――コンテクスト・ブランディング

2002年7月18日　第1刷発行
2025年6月16日　第19刷発行

著　者――阿久津聡／石田茂
発行所――ダイヤモンド社
〒150-8409　東京都渋谷区神宮前6-12-17
https://www.diamond.co.jp/
電話／03·5778·7228（編集）　03·5778·7240（販売）

装幀――――遠藤陽一
製作進行――ダイヤモンド・グラフィック社
印刷――――堀内印刷所（本文）・加藤文明社（カバー）
製本――――ブックアート
編集担当――ダイヤモンド・ハーバード・ビジネス・レビュー編集部

ISBN 4-478-37400-7